MARQUISAT DE BÉNAC

LES DE SAINT-SEVIÉ

ET EN PARTICULIER

JEAN-MICHEL, Abbé de St-SAVIN

PAR

A. DUFFOURC

TARBES

IMPRIMERIE ÉMILE CROHARÉ, PLACE MAUBOURGUET

1891

LES DE SAINT-SEVIÉ

ET EN PARTICULIER

JEAN-MICHEL, ABBÉ DE SAINT-SAVIN

LES DE SAINT-SEVIÉ

ET EN PARTICULIER

JEAN-MICHEL, Abbé de St-SAVIN

PAR

A. DUFFOURC

TARBES

IMPRIMERIE ÉMILE CROHARÉ, PLACE MAUBOURGUET

1891

LES DE SAINT-SEVIÉ

ET EN PARTICULIER JEAN-MICHEL, ABBÉ DE SAINT-SAVIN

La famille de Saint-Sevié a mené sur les bords qu'arrose l'Echez une existence qui n'a pas été sans jeter quelque éclat. Bien que sur un plan secondaire, à l'ombre du château des hauts et puissants seigneurs de Bénac, elle brilla pendant cinq cents ans. Les membres de cette famille ont acquis un nom grand et respecté à la cour des rois de France par leur bravoure dans les combats, par leur science au conseil d'Etat et au conseil privé. Charles IX, Henri III, Henri IV, Louis XIII et Louis XIV ont été heureux de combler de bienfaits une maison dont les membres se consacraient au service de Dieu et de la patrie.

Les de Saint-Sevié ont fait alliance avec tout ce qu'il y a de plus noble dans la Bigorre et dans les pays voisins. Les rejetons cadets des barons de Montaut-Bénac ne crurent pas déchoir en venant se greffer sur un arbre qui porte dans son écusson : *de gueules au bras d'argent mouvant du flanc dextre de l'écu tenant une croix d'argent*.[1] Une généalogie des seigneurs de Saint-Sevié, appartenant au grand Séminaire d'Auch, marque leurs armes avec quelque variante : *Ecartelé au 1 et 4 de Comminges au 2 et 3 de gueules à 2 mortiers d'or l'un sur l'autre et sur le tout de gueules à la croix patée d'argent, tenue par le bras d'une main armée d'un gantelet d'argent*.[2] M. d'Intrans, qui, au commencement

1. LARCHER (Jean-Baptiste), Glanage, t. X, p. 405.
2. Chartier du Grand Séminaire d'Auch, n° 17109.

du XVIII⁰ siècle, a succédé aux de Saint-Sevié, trouva vers 1760 un vieux cachet. Il est vraisemblable que c'était le cachet de la famille de Saint-Sevié. *Il est chargé d'un chevron accompagné en chef d'un besant ou tourteau et en pointe d'un croissant qui supporte une bannière.*[1] D'autres familles riches et puissantes se firent un honneur de donner leurs filles aux héritiers de Saint-Sevié, et de venir prendre des « demoyselles » à l'esprit cultivé qui seraient le charme de leurs demeures seigneuriales : telles les Castelnau-Bazet, les Aubarede, les Béon, les Faudoas, les Noé, les Laloubère, les Horgues, les Lavedan.

Mon but n'est point d'écrire une histoire complète des seigneurs de Saint-Sevié. La seigneurie a été vendue il y a plus de deux cents ans et les papiers ont été emportés ; ma tâche n'en sera que plus ingrate. Une courte notice dira ce qu'était cette maison dans la Bigorre. Je n'aurai garde d'oublier, dans les notes que je livre au public, l'enfant le plus illustre qu'elle a produit, Jean-Michel de St-Sevié, abbé de Saint-Savin, agent du clergé à l'assemblée générale de 1625.

---

1. LARCHER (Jean-Baptiste), Généalogie des familles, p. 852.

I

St-Sevié[1] était une maison seigneuriale et fief noble, de la mouvance des anciens barons de Bénac, situé dans le village autrefois le Barry de Bénac, commune actuelle de Barry.

Cette maison est considérable par son antiquité. Le premier qui nous est connu par titre des archives de la Sainte-Chapelle à Paris, est Arnaud de St-Sevié, qui vivait en l'an 1280. Il se trouve compris et nommé dans un rôle de gentils-hommes du pays de Bigorre, dressé par ordre du roi Philippe-le-Bel en 1300.

Les seigneurs de Bénac, en qualité de suzerains, réclamèrent leurs droits pendant le moyen-âge, et les seigneurs subalternes furent obligés de se soumettre à des usages que, dans nos mœurs, nous trouvons ridicules. Qu'on en juge par l'acte d'hommage suivant ; il montrera, dans son naïf langage, les rapports entre les deux seigneuries.

I H S

Hommage rendu le 9 avril 1442 par Pierre de Sen Sevier de Bénac à noble et puissant seigneur Arnaud de Montaut senhor de Montaut-Bénac.

Coneguda causa sia abs preseus e abs abieders que **Pey de Sent Sebier** deu loc de Benac, donselh senhor e heret universau deu dict hosthau ab ses apartiensas lan e lo dia dejus scriut constituut personalmentz dedens lo castet de Benac e en la capella de sancta Maria-Magdalena per lo noble senhor de Benac e deu loc de Montaut, foc requerit que lo fes segrament de fisautat e domenatge, lo fes homenatge e lo reconegos per senhor per losthau de Sent Sebier cum far deoc ni sos ansestres aben acostumat a tot senhor nabet de Benac a far e tot senhor e dona de Benac mudant per loodiit hosthau de Sent Sebier e aqui metix present lodiit Pey de Sent Sebier, senhor dediit hosthau dixo e respono ab granda e ab aquera honor cum far pode e deve que ad ero prest e

1. Le nom de St-Sevié se trouve diversement écrit : St-Sevié, St-Sivié, Sent Sevier, Sensebié, St-Sebié.

aparelhat de far e complir lo segrament de fisautat e de far lo homenatge per lodiit hosthau de Sent Sebier ab las apartiensas, aqui present empero dixo lodiit Pey que lodiit senhor de Benac cum senhor dixe far prumer a det lo segrament de luy emparar e sostenir e guardar de tort e de forsa, de luy metix e de tota autra persona a son poder e de lo confermar sos priviletges e libertatz e en aquets luy sostenir, e que atau ero acostumat de far e la hora lo saber diit noble senhor Arnaut de Montaut, senhor de las baronias de Benac e de Montaut jura abs sos proprias maas suus lo te igitur e la beroya crotz tocants disent ayxi : io Arnaut de Montaut, senhor de Benac e de Montaut yury a vos Pey de Sent Sebier, senhor deudiit hosthau ab las apartiensas e bos prometty de bos estar bon e leyau senhor e de bos tenir a emparar en hostes boos fors e bonas costumas, libertatz, privilegis e franquessas e bos gardar de tort e de forsa de mi metix e de tot autra a mon leyau poder e de vos far dreyt en ma cost, e bos sostiadrey, e empararey a mon poder aussi cum far devrey en tos vostres privilegis aussi cum las autres gentius de la terra de Benaques, aussi ains tot senhor deu far a tots gentius liges, e asso per Diu e per aques sans e asso feyt lo suusdiit noble senhor de Benac e Montaut estant assietat e tenant sus sos genolz lo libe missau e la beroya crotz, benco aqui lodiit Pey de Sent-Sebier, senhor deudiit hosthau dessintat e descaperat meten se de genolz aus pecs deudit senhor de Benac, e pausa sas duas maas sus lodiit libe missau e te igitur e la beroya crotz, e meten sas duas mas dedens las deudiit senhor de Benac dixo e yura en la forma que apres sen sec : io, Pey de Sent Sebier jury que serai bon e beray subieyt e bassal a bos noble senhor de Benac e de Montaut e aus vostres e vos servirey armat e acarat totas betz que bos siatz mandat per nostre tres sobiran senhor lo rey de franssa o per lo comte de Begorra e bos adjudarey e bos secorrey a tot mon poder contra tot home deu mon qui mal, damnatge, bos bulla far a bos ny aus bostres tantost cum per bos serey requerit, exseptat contra nostre senhor lo rey de franssa. Itemque james no serey en loc ni en plassa scient-mentz ni en adjutori ni en feytz que bos perguatz la vita o membre augun e que bos prenguatz en bostre persona auguna lesion, enjuria o bergouna, o que perguatz auguna honor que ara avetz o per tems auratz o possideratz. Item que si io sey o audirey diser que augun bulla fer de las causas dessus dittas contra bos a mon poder que no se fassa ni prestarey impediment esi no ni pux prestar o far impediment, tantost cum io poyrey bos a farey assaber ayxi cum io poyrey contra aquet o aqueta socos e ayuda bos prestarey, e si per abentura se endebire que auguna fortalessa, rendas, proprietatz, possessios o autra causa que de present abetz o auratz per lo tems abenir, enjustamentz o per cas dabentura perguatz aquesos, bos adjudarey a recrubar, emparar et a destener. Item que si io sey que bos bullatz augun justamentz hoffendre o far gierro, e serey per bos requerit speciaumentz o generaumentz que socos e adjutori aquet que io no poyrey, io bos prestarey. Item que cant me manifes-taratz, ni me diseratz auguna causa en secret, aquera a nulla persona sens vostra licentia no manifestarey ni diserey, ni causa per que se manifeste ne farey. Item si me demandatz de auguna causa conselh aquet conselh que me semblara que sia plus espedient e plus util a bos, bos darey e bos prestarey. Item que de ma persona ni per autres no farey far auguna causa que sia a enjuria ho bergonha o deshonor de bos ni deus bostres successors, ni deus bostres e totas las autras causas que se apartenen a segrament de fisautat e de homenatge bos thicrey e hobscrbarey, e asso jury de thenir e hobservar per Diu e aquetz santz, juran ab suas duas maas suus lodiit libe missau e te igitur e la beroya crotz dessusdiitz, e de las causas dessusdiittas cascunas lasdiittas partidas requerin sinclas cartas de una tenor e substantia. Testimonis son dasso fray Pey de Pontac, monge deu monester de Sent Pe de Generes, segrastan de Benac, Ramon-Guilhem de ma Pascau, habitador de Lorda, mossen Domenge d'Abbadia, rector de Layrissa, e io Guilhem de Sent-Stephe, habitador deus Angles, notari public per la autoritat reyau e de nostre senhor le comte de Foyx e de Begorra que requerit que fuy per lasdiittas partidas la present carta e autra semblant daquesta restencuy, scrissury e en aquesta forma publica la metuy e y pausa mon senhau acostumat. Actum fuit hoc in castro de Benaco die nona mensis aprilis anno Domini millesimo quadringentesimo quadragesimo secundo, regnante Domino Carolo, Dei gratia franciæ rege ; et domino nostro Guastano eadem gratia comde Fuxii et Bigorræ ; Dominante et Reverendo in Christo patre domino Rogerio miseratione divina episcopo tarbiensi existenti. Constat mihi notario supra dicto de rapuris in nona linea a principio instrumenti ubi scribitur Arnaut.[1]

Tel est le serment de fidélité que la famille de St-Sevié prêtait à tout seigneur de Bénac.

Le baron promet à son subordonné aide et secours ; il maintiendra intacts ses us et coutumes ; il le défendra contre tous ses ennemis. De son côté, le seigneur de St-Sevié jure d'être bon vassal et sujet ; il dénoncera à son suzerain quiconque complotera contre lui ; il lui portera secours en temps de guerre ; il conservera fidèlement le secret qu'il plaira au seigneur de lui confier ; si ce dernier lui demande un conseil, il le lui donnera en toute conscience ; le feudataire s'engage sur son honneur à ne jamais permettre que devant lui on parle mal du seigneur de Bénac.

Mais là ne s'arrêtent pas les formalités à remplir par le seigneur de St-Sevié. S'il a rendu hommage au baron, il faut encore qu'il conduise à la messe de la paroisse de Bénac madame la châtelaine.

Quand le seigneur et la dame de Bénac se font reconnaître pour la première fois dans la terre de Bénac, le seigneur de St-Sevié, leur vassal, est tenu de

---

1. Chartier du Grand Séminaire d'Auch, n° 3123.

leur rendre un hommage fort singulier. Ce seigneur est obligé d'attendre à la porte du château de Bénac, tête nue, sans manteau. la jambe droite nue, le pied aussi nud dans une pantoufle, et en cet état il doit prendre la bride de la mule ou haquenée sur laquelle la dame de Bénac est montée, la conduire à l'église du lieu et la reconduire au château où il la sert à table pendant son diner toujours dans le même équipage ; et pour récompense de ce service la haquenée qui a porté la dame et le buffet appartiennent au seigneur de St-Sevié.[1]

Ce ne fut pas sans peine que les seigneurs de St-Sevié eurent à ployer le genou devant les arrogants châtelains. Mais la loi féodale était impitoyable.

Nous trouvons un usage analogue lors de la réception solennelle des archevêques d'Auch dans leur ville archiépiscopale. Nous lisons dans la *Revue de Gascogne :*

Des documents authentiques nous ont transmis le tableau vivant de l'entrée solennelle de nos archevêques. De toutes parts on accourt au devant du prélat. Les rues d'Auch se jonchent de fleurs, les maisons se couvrent de grandes tentures de tapisseries éclatantes ou de modestes étoffes, suivant la richesse du logis. A la porte de la Treille, un arc de triomphe est dressé, et le peuple, en habits de fête, encombre ses abords, attendant avec impatience l'arrivée de l'archevêque. Voici les consuls revêtus de leurs longues robes rouges, la poitrine chargée de l'écusson coupé d'Armagnac et de gueules à l'agneau de St-Jean d'argent. Ils sont venus au-devant du prélat pour lui témoigner la bienvenue dans l'idiome de leurs pères. L'archevêque s'avance sur une mule brillament harnachée ; il est revêtu de ses ornements pontificaux et entouré de prélats et des dignitaires du chapitre. Alors un puissant seigneur, le baron de Montaut, premier baron d'Armagnac et de Fezensac, se présente au devant du cortège. Il porte une casaque de velours noir, il a une jambe nue et ses pieds sont chaussés de sandales ; une

1. Chartier du Grand Séminaire d'Auch, n° 17126.

foule de gentilshommes des plus distingués de la province, revêtus de la livrée blanche et rouge d'Armagnac, le suivent ayant des bâtons blancs á la main. Le baron s'adressant alors respectueusementàl'archevêque, l'avertit qu'il va accomplir un devoir que les privilèges de sa baronnie lui imposent de temps immémorial. Aussitôt il prend par la bride la mule du prélat, et le cortège se déroule majestueusement à sa suite vers la cathédrale, à travers les rues étroites de l'antique cité. Après avoir conduit la mule jusque sous le parvis du Temple, le baron de Montaut aide à descendre le prélat, le mène à sa stalle, puis un office solennel est célébré dans le chœur. Cette cérémonie accomplie, un festin magnifique, pendant lequel le baron devait faire l'office d'écuyer tranchant, jusqu'à ce que, par courtoisie, l'archevêque le fît asseoir à sa table, réunissait dans le palais épiscopal les seigneurs qui assistaient à la prise de possession. Comme prix de son service, le baron emmenait la mule de l'archevêque et emportait sa vaisselle d'argent. En même temps, pour maintenir l'intégrité de ses droits et en assurer la transmission, il faisait dresser par un notaire le procès-verbal de cette cérémonie.

Cet antique usage n'existait pas seulement à Auch. Le baron de Castelnau-d'Arbieu à Lectoure, le baron de Cessac à Cahors, et le baron de Boissede à Simorre, jouissaient d'un privilège analogue à celui du baron de Montaut.[1]

Que nous reste-t-il de ces puissants barons de Bénac ? Leur famille est éteinte, et leur château est en ruines ; les fossés ont été comblés, les deux tours ont été démolies, les murailles s'écroulent ; il reste à peine un corps de logis dont le premier est inhabitable et le rez-de-chaussée sert de demeure au propriétaire actuel; tout dépérit et disparaît. Le lierre, ami des ruines, triomphe aujourd'hui; le gazouille-

1. *Revue de Gascogne*, t. XXIII, p. 97.

ment des oiseaux remplace le chant joyeux des fêtes et les cris lugubres des hommes d'armes.

Que nous reste-t-il des seigneurs plus modestes de St Sevié ?... Ici pas même une ruine, pas même une pierre pour indiquer l'endroit où s'élevait cette maison seigneuriale. L'homme, désireux de refaire l'histoire locale, est obligé de recourir à la tradition.

Armé de l'Inventaire des biens et titres de la famille de St-Sevié, dressé l'an 1656, par les ordres de Marie de Noé, veuve d'Etienne de Montaut St-Sevié, j'ai demandé à Pays, vieillard de soixante-quatorze ans, de me renseigner sur l'emplacement du château de St-Sevié. Cet homme, d'une intelligence aussi vive que sa mémoire est fidèle, me conduisit dans une vaste prairie, section B du plan cadastral, quartier de la Palère. Cette prairie est aujourd'hui la propriété d'une douzaine de familles. L'habitation seigneuriale occupait les n°s 96 et 97, appartenant aux héritiers Peyret-Place de Barry.

L'Inventaire nous dira dans tous ses détails ce qu'était la maison en 1636 avec ses dépendances. Je transcris avec scrupule.

Plus la ma(is)on seigneurialle de Sainct Sevie scize et scittuee dans la parroisse saincte Marie de Benac. Joignant lad(ite) ma(is)on seigneurialle il y a une chapelle couverte d'ardoize. Dans laquelle il y a un tableau avec un crucifiz la figure de la saincte vierge Marie dun coste sainct Jean de laut(re) coste saincte Ausebe et la Marie Magdelaine de l'aut(re).

Plus ez suitte un jardin et un pigonnié.

Plus il y a un moulin dans lanclos de lad(ite) ma(is)on à eau moulant à deux moules pour lad(ite) ma(is)on.[1]

Plus au dessus dud(it) moulin de St Sevié il y a un petit bois pour laian-

---

1. Ce moulin a été remplacé par une scierie dirigée par Raymond Pays, quartier de Brouilh, n° 104, section C du plan cadastral. Le canal qui conduit l'eau à la scierie porte encore le nom de canal de Visker. D'Intrams de Visker avait acheté à de Lescure, époux de Françoise de St-Sevié, les deux seigneuries de St-Sevié et de Visker.

cement de lad(ite) ma(is)on. Joignant led(it) bois il y a un autre bois hormics que l'Echez est entremy iceux.[1]

Plus les droicts seigneuriaux appertenants en lad(ite) ma(is)on seigneurialle qu'il retire annuellement sont en bin en la quantité de vingt et une cresteres, argent de fief la somme de trente solz.

Plus froment troys carteres et demy mesure seigle aboine deux mesures ou environ.

Plus onze poules et un polet.

Plus le seigneur de St-Sevié a droict de locs et vantes dans le marquisat de Benac dont il retire des particuliers dud(it) marquisat les fiefs cidessus mentionnes.

Plus un bergier a vigne et vigne ou il se leve annuellement dix barriques de vin ou environ.

Plus les prés de lad(ite) ma(is)on donnent annuellement vingt huict charretées de foin.

Plus les terres laborables de lad(ite) ma(is)on de St-Sevié de la contenance de deux peres de bœufs. Le tout est noble.

Plus a esté trouve dans lad(ite) ma(is)on seigneurialle de sainct Sevié deux tantes de tapisseries de hault lin concistant chaque tante en huict pièces.

Plus un tapis de Turquie.

Plus a este trouve un lit de damas rouge a double pante de velours rouge cramoisis avec le couvert de parade de damas rouge un tapis de velours rouge avec deux fotulz aussy de velours rouge et cinq pliancs de mesme que les fotulz.

Plus un aultre lit de taffetacs de laschinne et double pante avec sa couverte de parade de mesme coleur que le lit.

Plus deux autres lits de carlate lun quy est à pantes et l'ault(re) en pabillon a l'un il y a une couberte aussy de parade descarlate.

Plus deux lits amarantes lun a pantes et l'ault(re) a aussy garny de passamens. Les lits sont de rase.

Plus sest trouve deux lits de rase noire meschancs.

Plus troys lits de rase vert.

Plus sest trouve quatorze boics de lit de nogue.

Plus vingt et deux matelacs bons et meschancs.

Plus vingt et six couvertes d'Espaigne bonnes et meschantes avec quatorze traversins.

Plus a este trouve huict tables deux rondes et les aultres carrées.

Plus quatre coffres de nogué et un de sapin fermant à clef.

Plus un arcque et aut(res) arcques ou armoires.

Plus vingt et quatre tabourez faconnez bons ou meschancs.

1. Le vieillard que j'ai consulté se souvient que, dans son enfance il avait remarqué de vieilles souches de chêne au n° 103. Ce terrain autrefois inculte et marécageux forme aujourd'hui une belle prairie. L'autre bois, quartier de Bergadan, de la contenance de treize journaux, est la propriété de Barrusta-Graouet, maire de Barry.

Plus neuf cheses de nogue garnies de cannebacs.
Plus un vacin dargent rond.
Plus un salinier dargent.
Plus quatre cuilleres d'argent.
Plus une veguiere dargent.
Plus une escuelle dargent.
Plus deux chandeliers aussy dargent.
Plus troys douzaines de plats destain.
Plus troys douzaines dassiettes.
Plus troys meschancs chaudieres.
Plus un petit cauderon.
Plus troys broches de fer deux poiles une grille un metal de fer et un licsfrics.
Plus sept peres de chenetz.
Plus un chandellier de laton.
Plus cinq napes de lin de Flandres.
Plus troys douzaines et unze serviettes de lin comun.
Plus une douzaine de serviettes d'estouppe.
Plus a este trouve dans une petite boete deux calices dargent deux patenes aussy d'argent pesant...
Plus dans lad(ite) cassette a este trouve aussy une croix dargent pesant...
Plus un bassin avec deux burettes aussy dargent pesant...
Plus deux chandelliers dargent pesant...
Plus une bourse avec un courporal dedans icelle est entouré de poincts de germe avec une boille de troics taffetacs de l'un coste rouge et de laul(tre) blanc en broderie dor et dargent entore de dentelles dor et argent.
Plus un mitton avec un aulbe de toile dholanne ; lad(ite) aulbe entoree du poinct de germe ansemble avec le cordon trame de soie dor et dargent.
Plus un manipule et une estolle chasuble de taffetas rouge d'un coste et de laul(tre) blancq le tout en broderie or et argent.

Si nous complétons cet aperçu sur les biens de la famille en donnant les actes de ferme des biens de St-Sevié, nous connaîtrons mieux la valeur réelle de cette maison. Les fermiers, au XVIIe siècle, n'étaient pas plus riches que ceux de notre temps. Il fallait que le propriétaire du sol leur fournit et le grain et les bestiaux, et les instruments aratoires.

Afferme de Sensebié. — Aujourdhuy vingt neuviesme jour d'apvril mil six cens trante estant dans la ma(is)on seigneurialle de Sensebié, avant midy regnant Louys par la grace de Dieu roy de France et de Navarre par devant moy not(air)e royal et tesmoins basnomes. Constitues en leurs personnes propres Jeanpenin et Bernard de Rotge dict Dadabat pere et fils h(abit)ants

du barry de Benac lesquels de leur bon gre et franche volonte p(ou)r eux et
les leurs à l'advenir ont recogneu et confesse devoir donner et estre teneus
payer a demoyselle Marie d'Incamps à ce p(rese)nte et acceptante sçavoir est
la somme de huictante un escus petits six sous et ensemble une cartère
froment, un sac de bled seigle et six cartères millhet. Laquelle entière somme
lesd(ites) parties ont dict provenir p(ou)r pareille somme quelle avoict donne
de capital à certain vestail à corne que lesd(its) debiteurs auroict prins
lorsquils luy prindent à cultiver les terres de lad(ite) ma(is)on de Sensebié par
acte reteneu par moy not(air)e soubsigne les an et jour en iceluy conteneus
et le susd(it) grain de amiable prest faict avant la passa(ti)on du p(rese)nt
comme aussy ils debiteurs ont dict et confesse avoir et tenir en leurs mains
un pere de bœufs pour le capital et somme de cinquante et six escus petits
comme en ayant paye pareille somme cejourd'huy a Domenge de las Paretz de
Benac ; lesquels recognoissent tenir en faict de guasaille et le tout moytie a
perte et moytie à proffict et suivant lestil du païs. Laquelled(it)e guasaille a
esté faicte et se faict p(ou)r le tems quy est porte por led(it) acte dafferme
desd(ites) terres. Laquelle somme de cinquante six escus petits de capital
séront teneus remettre en pied lorsque le terme dud(it) afferme sera escheu sy
mieux lad(ite) damoyselle Dincamps nayme prandre lesd(its) veufs p(ou)r lors
a jug(em)ent desperts. Pacte accordé entre lesd(ites) parties quen cas lesd(its)
veufs viendroict à se perdre a manque et faulte des d(its) Dadabat quelle ne
sera teneue soy y tenir de rien en veriffiant que la perte en aura este faicte a
leur manque. Comme aussy ils promettent luy payer et bailler la somme de
huictante et un escus petits six sous de jour en jour et à sa première réqui-
si(ti)on et le grain à la legitime valleur, sçavoir le bled et froment a la
prochaine feste de N. D. d'aoust et le milhet à la prochaine feste de
Toussaincts. Le tout au peril de tous despens, dommaiges et intherest que par
raizon de tout ce dessus sen pourront ensuivre soubs obligua(ti)on de tous et
chescuns leurs biens p(rese)nts et advenir que pour cest effaict ont soubsmis
et soubmettent aux rigueurs de justice. P(rese)nts Jean et Domenge de las
Paretz quy ont dict ne sçavoir escripre, Marie d'Incamps soubsigne avec moy
not(air)e Royal.

Marie d'Incamps.
De Carrere not(air)e royal.[1]

Les biens de St-Sevié sont le partage de nombreuses
familles.

La Révolution a tout bouleversé; elle a tout ren-
versé sur son passage, semblable aux courants d'eau qui,
dans un jour d'orage, descendent de nos coteaux, débordent
et emportent tout sur leur parcours. Ces biens ont été
vendus par la nation.

---

1. CARRÈRE (Pierré de), étude Duguet à Tarbes.

Voici une délibération du conseil municipal de Bénac à « l'effet de faire l'estimation des biens privilégiés des seigneurs. »

Entre nous soussignés Jean Bousicou, Jean Guinolas, Bernard Labarrere dit Balle et Mathieu Baget consuls de Benac la présente année (1791) et nous Jean Duboé Pau et Jean Cathalan dit Héché de Benac et ce à l'effet de faire l'estimation des biens privilégiés des seigneurs et autres qui se trouvent aud(it) lieu de Bénac, suivant la qualité du fonds et conformément aux pièces attenantes à leursd(its) fonds en vertu des ordres du roi et de la nation, à nous adressés par M. de Berges. En vertu de tout ce dessus.

D'Intrans de Visker, seigneur de St-Sevié, possède, sçavoir :

10 journaux de pré dit Moppiois(?), première classe, estimé pour la taille septante livres le journal, ci.   .   7 bouades.

Plus 13 journaux pré dit Camp-Grand, première classe, estimé qualtre vingt livres le journal, ci.   26 bouades.

Plus 21 journaux pré Rigueporte, première classe, estimé soixante dix livres le journal, ci.   36 3/4 bouades.

Plus 13 journaux pré parsan Yeous et Brouilh, dernière classe estimé cinquante sols pour le journal, ci.   16 1/4 bouades.

Plus 7 1/2 journaux parsan Brouilh et Camp-Grand, dernière classe, estimé trente sols pour journal, ci.   5 1/4 bouades.

Plus 13 journaux bois parsan de Bergadan, dernière classe, estimé pour la taille quinze sols, ci.   4 bouades.

De manière que M. d'Intrans paie pour 106 bouades. Chaque bouade se porte l'année 14 sols 2 deniers. Par conséquent led(it) sieur paie pour les six derniers mois la somme de 37 livres, 15 sols, 3 deniers.

En foi de ce nous avons dressé le présent rapport et nous l'avons fait en double et avons retiré l'un. Signé : Duboé expert, Catalan consul, Bouzicou, Guinolas, Labarrère, Baget consuls.[1]

1. Registre des délibérations. — Archives communales de Bénac.

TABLEAU GÉNÉALOGIQUE DES DE St-SEVIÉ

PRÉNOMS DES ASCENDANTS	PRÉNOMS DES DESCENDANTS
Arnaud I	Raymond-Arnaud.
	Guillaume.
	Bernard.
	Simone.
Raymond-Arnaud	Ramond-Bernat.
Ramond-Bernat	Pierre I.
Pierre I	Arnaud II.
Arnaud II	Pierre II.
Pierre II	Pierre III.
	Navarrot.
	Ramonet.
	Marguerite.
Pierre III	Gaillarde.
Du mariage de Gaillarde avec Bos de Montaut-Bénac, naquit....	Bernard I.
Bernard I	Mathieu.
Mathieu	Guicharnaud.
	Hélène.
	Catherine.
	Jacquette.
Guicharnaud................	François.
	Guillaume.
	Pierre.
	Madeleine.
	Bernard II.
	Etienne.
François.	Pierre.
	Françoise.
	Jean-Michel.
	Gabrielle.
	Jeanne.
Bernard II	Antoine (mort sans enfants).
	Paule.
Etienne....................	Roger.
	Françoise.
	Jean-Louis.
Roger	Roger.
	Françoise.
	Philiberthe.
Françoise, mariée à Louis de Lescure....................	

II

Jetons un rapide coup d'œil sur les principaux chefs de cette brillante famille et racontons à grands traits les faits que nous avons pu glaner. La généalogie des familles, de Larcher; une copie des archives du Grand-Séminaire d'Auch sous le titre : Seigneurs de St-Sevié, n° 17126; l'Inventaire des biens et titres de St-Sevié seront nos guides dans nos recherches.

I

Arnaud de St-Sevié vivait en l'an 1280. L'enquête de la Bigorre, faite par ordre de Philippe-le-Bel en 1300, fait mention de lui : Messire Arnaud de St-Sevié, chevalier, possède sous la mouvance dud(it) messire Bos de Bénac 10 livres morlaas de revenu.[1] Il paraît encore dans un acte d'affièvement qu'il fit en l'an 1316. Il avait épousé Anne de la Salle dont il eut Raymond-Arnaud, qui suit, Guillaume-Bernard, chanoine de l'église de Tarbes, dont le titre clérical est du 27 septembre 1356,[2] èt Simone.

II

Raymond-Arnaud, damoiseau, s'accorda pour certains droits et fiefs avec le seigneur de Bénac par acte de 1328. Dominus Raymondus Arnaldi de sancto Sebiey, miles, tene-

---

1. *Souvenirs de la Bigorre*, t. III, p. 57.

2. Guilhaume Bernard paraît dans une transaction entre de Montbrun évêque de Tarbes et Dominique Dangays, abbé de La Case-Dieu le 25 novembre 1347. — LARCHER (Jean-Baptiste), *Glanages*, t. V, p. 9. — Inventaire des titres de la Case-Dieu, aux archives du département du Gers.

bitur facere... domino regi exercitum et ordam.[1] Il se maria l'an 1300 à Condorine de Brussac de Baretges, sœur de Thibault, chevalier, seigneur de Vieuzac. De leur mariage naquit :

III

Mossen Ramon-Bernat, qui épousa Gaillarde de Villambics, dont il eut :

IV

Pierre, damoiseau, qui, dans un bail à fief au lieu de Layrisse à la famille Cazaudebat du 7 septembre 1343, prend la qualité d'héritier universel.[2] Il vivait encore en 1370. Un acte portant « lauduine pour le seigneur de St Sevié, » fait mention de lui; « led(it) acte est laizible et institué du 20 marcs 1370, faict par En Pey de St-Sevié donseil seignorial dud(it) lieu ou il se parle du fief, locs et ventes, droicts et loy en la ma(is)on dud(it) seigneur. »

V

Arnaud, son fils, écuyer, fut marié à Bourguine de Basillac de la maison de Castelnau-Bazet, dont il eut :

VI

Pierre II, sieur de Pomarosio aliacs de St-Sevié, domicellus; le 23 avril 1395 fut passé un « compromis entre Arnaud Durac de Bénac, N. de Debats ac Dengut du lieu de Montgaillard, d'une part; et Pierre de Pomarosio ac de St-Sevié, avec la sentence arbitralle. » Il fut père de Pierre

---

1. *Debita Regi Navarræ*, f° 148.

2. La famille Cazaudebat payait la redevance suivante au seigneur de St Servié : Casaudebat a payé argent un sol six deniers vin 6 pots qui est en tout tres sols six deniers le tenant quitte pour l'année 1730. Fait à Sensevié le 13 novembre 1730.   D'Intrans.

qui suit, de Navarrot, tuteur d'Arnaud de Montaut-Bénac en 1430 et 1437, de Ramonet et de Marguerite.

VII

Pierre III, écuyer, rendit hommage à Anne de Montaut-Bénac en 1442. Pey et Ramonet firent en 1429 leur déclaration aux commissaires nommés pour dresser le censier de Bigorre. Ramonet de St Sevié : « Gentiu dixo que son ostau es franc e a service per aquet au senhor de Benac si es armat e acabat a sus despens tres jorns et aquetz passatz lo deu dar sos gatges e ne fer son bolen. »

Navarrot reçut une donation le 18 juin 1425 ; Sans de Cassassing, notaire à Tarbes, retint l'acte.

Le 21 janvier 1471, « Garcie de Abbatia du lieu d'Aster passa recognoissance a icelle faicte, Marguerite de St-Sevié, debte de prest de quarante florins, reçue par Me Pierre de Sadirac à Baigneres. »

Pierre III épousa Paule de la Penne. De ce mariage naquit :

VIII

Gaillarde, fille unique, qui se maria en 1460 à Bos de Bénac dit de Brouilh, fils puiné du seigneur de Bénac, Jean II et de Marguerite de Bazillac.

Bos de Montaut, rendit hommage au seigneur de Bénac par acte passé devant Robert Povin, notaire d'Adé, pour le château et fief noble de St-Sevié du chef de Gaillarde en 1475. Les vassaux emphytéotes du château de St-Sevié leur passèrent des actes de « reconnoissance » en 1465.

IX

Bernard de Montaut-St-Sevié, son fils, rendit hommage à Anne de Montaut-Bénac par acte de Guimbaldy, notaire de

Tarbes, le 16 juin 1492. Il épousa Bourguine de St-Sever d'une maison noble relevant aussi des seigneurs de Bénac.

X

Mathieu, écuyer, à qui Marie de St-Sevié, sa cousine, fit donation d'un héritage appelé Jean de Bénac dans le lieu de Tostat en Bigorre par acte du 5 septembre 1535, dans lequel ledit Mathieu est qualifié de fils à noble Bernard de St-Sevié, épousa en 1506 Catherine, fille de Lancelot d'Aubarede, seigneur dudit lieu. « L'acte d'approbation faict par noble Laurens Aberede des pactes de mariage de noble Matieu de St-Sevié à noble Caterine Abereide a été reçu par Me Jean Abadie le 5 octobre 1510. » « Le 7 féburier 1511, Me Daquo, not(air)e à Bénac a receu un acte deschange de fief d'entre messire Philippe de Montaut et Mathieu de St-Sevié. Led(it) s(ieu)r de Benac lui a bailhe les fiefs dun liarg et demy quil avoit en la terre de Brouilh et led(it) s(ieu)r de St-Sevié luy bailha les fiefs de deux liargs quil a acostume tirer de la ma(is)on de Bosiquoo es pred appelé Gaussere. » Mathieu avait deux sœurs : Marguerite, connue par un acte de 1535, et Jeanne.

Mathieu eut quatre enfants : Guicharnaud, qui suit, Hélène, mariée par contrat du 15 avril 1554 à Guilhaume Ducasse, apothicaire à Tarbes; on lui constitua en dot 250 livres et un lit; Catherine, mariée à Arnaud de Lias de St-Pé, qui fit quittance en faveur de Mathieu par acte du 28 octobre, et Jacquette. qui fit quittance aussi de 68 écus 1/2 le 15 juillet 1554.

Mathieu assista le 28 novembre avec Guicharnaud, son fils, au contrat de mariage de Gabriel de Sus avec Jeanne de Montaut-Bénac.

XI

Guicharnaud avait trente-six ans en 1547, lorsqu'il fut témoin dans l'enquête pour de Castelbajac. Il fut marié par contrat du 15 septembre 1549 à Géraude de Béon du Massex, fille de Bernard de Béon, seigneur de Massex, chevalier, chambellan de Gaston-Phœbus, roi de Navarre, et d'Antoinette de Deueze. Il laissa quatre enfants : François, qui suit ; Guillaume, qui fait la branche de Malartic en épousant Françoise de Caumont-Malartic ; Pierre, capitaine, gouverneur de Carmagnolle, mort sans enfants; et Madeleine, mariée le 27 novembre 1579 à Gaspard d'Omex.

Guicharnaud fit testament le 8 février 1564 devant Cazalet, notaire à Bénac.

XII

François de Montaut-St-Sevié, gentilhomme ordinaire du roi de Navarre, fut marié, le 10 décembre 1579, au château d'Aries, avec Paule, fille de Corbeyran de Faudoas, seigneur de Séguenville, et de Catherine de Béon-Sère.

François de Montaut-St-Sevié servit avec distinction sous les rois Charles IX, Henri III et Henri IV. Ce dernier lui fit plusieurs dons en récompense de son mérite, et Louis XIII, par lettres patentes du 11 juillet 1616, lui écrivait :

« En considération de ses services et de ceux de ses ancêtres au roy, son père, et à ses prédécesseurs rois en plusieurs batailles pour leur service, mesme au siege de la Rochelle, aux batailles de Moncontour, Jarnac et autres, l'exempta de la juridiction haulte, moyenne et basse que led(it) seigneur roy avoit accorde au seigneur de Benac dans l'étendue de la baronnie par lettres de février 1612. »

Etienne de Coarraze-Castelnau-Laloubère lui vendit pour 1300 écus sol la seigneurie de Coufitte, par acte retenu le 15 février 1391 par Subercazes, notaire de Tarbes, et il entra aux états de Bigorre en 1594 en qualité de seigneur de Coufitte. Il acquit la seigneurie de Visquer, le 3 novembre 1593, de Catherine de Soréac, dame d'Ornessan, pour 800 écus devant Dallacs, notaire de Masseube ; l'acte fut insinué à Tarbes le 27 janvier 1594.

Henri IV, étant au camp d'Amiens en juillet 1597, donna à François de St-Sevié

> « en considération de ses services tous et chascuns les biens qui furent appartenants à fû Jacques d'Antin, fils bâtard de fû messire Jean d'Antin, ▓▓▓▓▓ ▓▓▓▓▓ des terres advenues et eschues à Sa Majesté par droit d'aubaine, signé du roi avec le sceau. »

François eut une nombreuse famille : Bernard, Etienne, Pierre, sieur d'Arbouiz, mort sans enfants, Françoise, veuve de Simon d'Olive, Jean-Michel, abbé de St-Savin, qui aura une mention toute particulière; Gabrielle, seconde femme de Gaston d'Armagnac, seigneur de Horgues, et Jeanne, mariée à Hector de Tersac-Montbérault, s(ieu)r de Vernajoul.

XIII

Bernard épousa Marie d'Incamps de Loubie le 5 avril 1607. Il en eut : Antoine, mort sans alliance ; Paule, mariée le 15 janvier 1641 à Etienne de Castelnau, marquis de Laloubere, et Isabeau, mariée le 8 mai 1634 à Antoine d'Esparbez, sieur de Coignac.

> En 1615, nous trouvons « un contrat passé entre les seigneurs de Benac et de St-Sevié de l'hommaige que led(it) de St-Sevié luy rend quy est un bésé à la joue et moyennant ce led(it) seigneur de St-Sevié retire droict de locs et vantes et faict mention comme il est déclaré à Toulouse. Signé de Marville et plus bas Hugarud. »

Les mœurs se sont adoucies ; ce n'est plus l'hommage grotesque d'autrefois ! !

XIV

Etienne de Montaut-St-Sevié devint après la mort de Bernard, son frère, seigneur de Montaut sur Garonne, de St-Sevié et de Visquer. Il avait été tonsuré le 10 mars 1602. Il se maria, par acte retenu le 17 septembre 1649 par Piquepé notaire de Beaumont, avec Marie de Noé.

Un mois après le mariage d'Etienne de Montaut-St-Sevié,

Pierre, sieur d'Arbouix, son frère, ratifiait les donations aux pactes de mariage. Tous les frères se sont réunis, il ne faut pas laisser perdre le nom de St-Sevié, tous les biens de la famille doivent rester sur la tête de celui qui pourra leur donner un héritier.

Le vingt cinquieme jour du moys d'octobre mil six cens quarante neuf au lieu de Benac paroisse saincte Marie de matin et dans la ma(is)on seigneurialle de St-Sevié, regnant Louis par la grace de Dieu, roy de France et de Navarre par devant moy not(air)e royal héréditaire soubsigné présants les tesmoings bas nommes. Constitué en sa personne noble Pierre de St-Sevié, s(ieu)r d'Arbouix, lequel de son franc voloir pour franche et agréable volonté tant pour luy que les siens à l'advenir a rattifié et rattifie le contraict de mariage passé entre noble Estienne de St-Sevié et demoyselle Marie de Noé et consent que les donations aud(it) pacte de mariage pour son regard sortent à leur plain et entier effaict à la réserve des droits de légitime qu'il a sur la ma(is)on de St-Sebié et autres, réserve apposée au contraict de mariage. Ensemble consent à l'insinua(ti)on et authorisa(ti)on dud(it) pacte de mariage. Ensemble du presant acte aux lieux ou besoing sera constituant a chacuns tous advocats procureurs ou besoing ou intima(ti)on sera nécessaire et requize seront l'un pour requérir led(it) insinu et l'autre pour y consentir. Et tout ce dessus led(it) s(ieu)r d'Arbouix a promis et promet tenir garder et observer de poinct en poinct et ny contrevenir soubs obligna(ti)on de justice et a requis a moyd(it) not(air)e luy retenir acte que luy ay concédé. Presants M⁰ Jacques Ducasse, docteur et conseiller du roy et lieutenant particulier en la séne-chaussée de Bigorre, Laurens de Bié de la ville de Tarbes soubsignés avec le s(ieu)r d'Arbouix et moy not(air)e.

Pierre de St-Sebié.
De Bié p(rese)nt.
Ducasse p(rese)nt.
Daquo not(air)e royal.[1]

De son mariage avec Marie de Noé, Etienne eut deux enfants : Roger et Françoise. Ils étaient bien jeunes encore quand leur père mourut en 1656. Marie de Noé, leur mère, dut administrer les biens de la famille; ce qu'elle fit avec une grande intelligence.

L'an mil siz cens soizante troys et le septiesme jour du moys de septembre dans la ma(is)on seigneurialle de Sent Sevié par devant moy not(air)e royal soubs(ig)ne p(rese)nts les tesmoins bas nomes. Constitue en sa personne propre

---

1. Daquo, étude Duffourc à Bénac.

dame Marie de Noé comme procede, laquelle a declaire avoir clos et arreste les comptes de l'administra(ti)on faicte par Jean Casainolis tant du revenu de Montaut et Beaumont qu'au(tres) lieux que des debuets reraiges fiefs employs qu'il a sceus par diverses procura(ti)ons et du tout jusques aujourd'huy datte du p(rése)nt. Lad(ite) dame tient quitte et descharge led(it) Casainolis et luy en fait quittance generalle au moyen de la reddi(ti)on des comptes quil luy en a faict ainsin que dict est avec promesse de rien luy demander ny aux siens concernant lad(ite) administra(ti)on de quelle nature que ce soict. Et la p(resen)te quittance lad(it)e dame a promis et promet faire estre bonne et valable en jug(em)ent et dehors a l'obligation de ses biens. Pr(ese)nts Jean Capdevielle. d(it) Torné de Visquer et Pierre Daquo escolier dud(it) lieu soubsignes avec lad(ite) dame et Casainolis, l'aultre tesmoing a dict ne sçavoir escrire et moy not(air)e soubsigné.

Marie de Noé.
Daquo p(rese)nt.
Casainolis.
Daquo N. Royal.[1]

XV

Roger de Montaut-St-Sevié vit sa baronnie de Montaut érigée en marquisat « à cause des bons services que ses ancêtres avoient rendus au roy. » Il eut pour femme Catherine de Martres, dame de Loupian. De ce mariage naquirent quatre enfants : Jean-Louis, Roger, Françoise, mariée en 1717 avec N. de Roquefeuil, marquis de Gabriac en Languedoc, et Philiberthe, alliée le 7 septembre 1716 avec Nicolas de Commenge, comte de Civrac.

Le seigneur de St-Sevié fut déchargé le 23 mars 1666 des lods et ventes pour Visquer, St-Sevié, Cohitte et Arbouix.

C'était dur pour les barons de Montaut-St-Sevié de se voir refuser le droit de signer de leur vrai nom de Montaut-St-Sevié. Les seigneurs de Bénac leur faisaient depuis longues années une guerre acharnée à ce sujet. Le cas avait été porté devant le parlement, qui avait rendu une sentence arbitrale le 18 juillet 1588.

---

1. Daquo, étude Duffourc à Bénac.

Voici le mémoire présenté par le baron de Montaut-St-Sevié au généalogiste du roi :

Le conseil sur les actes communiqués de la part de M. Roger de Montaud-St-Civier et dame Marie de Montaud St-Civier, femme de Louis de Lescure sur le subjet de l'assigna(ti)on qui leur a esté donnée à la requette de M. le duc de Navailles.

Est d'avis que la prétention de M. le duc d'empêcher que les enfants de M. Etienne de Montaud-St-Civier quy sont aujourd'huy led(it) s(ieu)r Roger et lad(ite) dame de Lescure, ne prennent le nom de Montaud, est injuste et sans fondement et led(it) s(ieu)r de Montaud et lad(ite) dame de Lescure ont raison d'espérer qu'ils seront relaxés de la demande dud(it) s(ieu)r de Navailles aux dépens de laquelle juridiction que ceste cause soict portée.

Premièrement parce qu'on fait trois parts des actes incontestables quy sont des testaments, des pactes de mariage et des sentences ; que led(it) Roger et la dame de Lescure descendent directement et de père en fils de Bosq de Brouilh, qui portoit le nom de Montaud que portoient en ce temps là ceux de la ma(is)on de Montaud-Bénac.

Est-il évident que led(it) Bosq de Brouilh, aliac de Montaud, estoit un cadet de la ma(is)on de Bénac ou de Montaud quy se marie dans la terre de Benac avec héritière de la ma(is)on de St-Civier, quy est un fief relevant de la baronnie de Bénac, ce quy est justifié ; 2° parce que le nom de Brouilh est le nom d'un tènement ou portion de la terre de Bénac, comme il est énoncé dans la sentence arbitralle du dernier aoust 1588.

Secondement. — Les descendants dud(it) Bosq de Montaud ont pris souvent le nom de Bénac quy est le nom de la famille et le plus assuré. Car, il y a 200 ans que ceux de cette ma(is)on ne prenoient pas le nom de Montaud, mais seulement de Bénac ; et en l'an 1423, une fille de cette ma(is)on se maria avec Augerot d'Ossun et ne prit que la qualité de Bourguine de Bénac, ainsi qu'il est énoncé dans lad(ite) sentence arbitralle de 1588 ; ce quy fait présumer, avec beaucoup de fondement, qu'en ce temps là la terre de Montaud n'estoit pas dans la ma(is)on de Bénac et qu'ils ne prirent ce nom de Montaud qu'apres lad(ite) acquisi(ti)on, d'où il faudrait inférer deux choses : l'une qu'ils ne seroient pas en droit de se formaliser de ce que ceux de la ma(is)on de St Civier portent le nom de Montaud, puisque ce n'est pas le nom propre originaire de la ma(is)on de Bénac ; l'autre que lad(ite) terre de Montaud, n'étant plus dans la ma(is)on de Navailles et ayant esté vendue par le père dud(it) s(ieu)r duc à Jean-Michel de St-Civier, oncle de Roger et de la dame de Lescure, ceux de Navailles n'ont plus le droit de porter le nom de Montaud et ceux de St-Civier ont droit de le porter à juste titre, non seulement parce qu'ils possèdent la terre et la seigneurie à raison de laquelle ceux de Bénac ont porté led(it) nom .

Et sy dans le cours du procès on obligeoit M. de Navailles de montrer en vertu de quoy il porte le nom de Montaud il en seroit bien en peine et roisonablement il seroit contraint d'advouer que ce n'estoit qu'à raison de la terre de Montaud, et les soins et les peines qu'il a prins pour obliger la dame de Noé, mère desd:(ites) parties de luy rendre lad(ite) terre pour rétablir le nom de Montaud dans sa famille, et les artifices, dont on s'est servi pour forcer lad(ite) dame de leur faire lad(ite) vente qu'on a esté obligé de condempner depuis, font voir que le nom n'est attaché qu'à la terre, et que ce n'est pas le nom de famille de Navailles qui ne le prenoit pas il y a 200 ans.

Troisiesmement. — Il y a une marque essentielle que ceux de la ma(is)on de St-Civier et les descendants dud(it) Bosq de Brouilh, aliac de Montaud ou de Bénac en ce que leurs armes sont composées non seulement de la main armée, quy sont les armes de St-Civier, mais encore des amandiers et des mortiers, quy sont les armes de Montaud et de Bénac ; et Philippe de Montaud et de Bénac l'ayant vollu contester à François de St-Civier, ayeul de Roger quy est aujourd'huy, et reproduit par lad(ite) sentence arbitralle de 1588 par laquelle il fut jugé que les armes de Bénac et de St-Civier estant distinguées par des armes différentes, sçavoir par lad(ite) main armée et par un fer de lance, led(it) s(ieu)r de Bénac estoit sans action et sans justifica(ti)on, c'est-à-dire qu'il ne pourroit pas empescher ceux de la ma(is)on de St-Civier ne portassent dans leur écu les amandiers et les mortiers avec les autres armes ; ce qui fait voir encore clairement que ceux de la ma(is)on de St-Civier viennent de la ma(is)on de Bénac, puisqu'ils en ont conservé non seulement le nom mais encore les armes.

Quatriesmement. — Il est encore à remarquer que par une sentence du sénéchal de Bigorre du dernier aoust 1581 entre les habitants du lieu de Benac et François de St-Civier, il fut dict que led(it) François jouiroit de tous les honneurs et prérogatives aud(it) lieu immédiatement après le baron de Bénac, comme son père, son ayeul et son bisayeul en avoient toujours jouy ; ce quy fait voir quelle estoit de la ma(is)on de Bénac originairement, car autrement le baron de Bénac l'auroit empesché ou se seroit joinct en l'instance pour luy contester cet advantaige.

Il y a encore une autre marque de cette descenderesse ce que celuy quy a fondé la famille de St-Civier quy est aujourd'huy qui est led(it) Bosq estoit sorty de la ma(is)on de Bénac et de Montaud en ce qu'il est esnoncé en lad(ite) sentence arbitralle du XVIII juillet 1588 que Navarrot de St-Civier avoit esté tuteur d'Arnaud de Montaud, seigneur de Bénac, quy est un argument de parenté et de proximité.

Et quand ceux de la ma(is)on de St-Civier prétendent tenir de la ma(is)on de Bénac et qu'ils relèvent cette descendance, ce n'est que par forme de remontrance parce que la ma(is)on de St-Civier a assez de marques d'honneur et de noblesse d'elle-même sans qu'elle ayt besoing de rien emprunter de celle de Bénac ou de Navailles.

Au fond c'est une chose constante dans le droit que le changement de nom n'est pas un crime et qu'il est permis de changer de nom et mesme de prendre le nom d'autruy pourvu qu'on ne porte pas de préjudice : « mutatio nominis innocentibus péricullosa non est (L. unica led. de mutatione nominis) ; » et il est vrai qu'il arrive souvent que les petites gens et les personnes roturières changent de nom pour s'introduire dans les bonnes familles et s'annoblir ; les meschands aussy changent de nom pour faire du mal et favoriser l'imposture ou la tromperie et en ce cas là le changement de nom est un crime et ceux quy prennent ou quy supposent un nom sont punis comme faussaires,

mais quand les personnes libres, quy sont parmy nous lesd(ites) personnes de
condition noble tiendroient à prendre un nom étranger ce ne seroit pas un
crime, et il n'y a point d'action légitime pour cela dans le droit quand led(it)
changement ou cette usurpa(ti)on se fait sans porter préjudice à personne.

Mais tant s'en faut que led(it) s(ieu)r de Navailles ayt subjet de se plaindre
à l'esgard dud(it) s(ieu)r de Montaud-St-Civier et de la dame de Lescure, qu'au
contraire ils sont dignes du nom de Montaud, ils sont dans des alliances aussy
illustres que la ma(is)on de Navailles, et ce nom quand il seroit plus hono-
rable qu'il n'est ne perdroit rien de sa dignité en leur personne, et d'ailleurs
ils sont en droit de le porter pour les raisons cy-dessus alléguées à cause do
leur naissance et de la propriété de la terre de Montaud.

Et l'article 211 de l'ordonnance de Paris quy enjoint aux gentilshommes
de signer du nom de leur famille, non de celuy de leur seigneurie, sera mal
allégué contre led(it) s(ieu)r de Montaud et la dame de Lescure : 1º parceque
en prenant le nom de Montaud, ils prennent le nom de leur père quy s'est
qualifié ainsi dans son contrat de mariage de l'année 1649 ; 2º led(it) s(ieu)r de
Montaud possède la terre quy a donné le mesme titre à M. de Bénac, lorsqu'il
en estoit possesseur ; 3º Il ne prend pas seulement le nom de Montaud, mais
de Montaud-St-Civier, en quoy il se distingue de Montaud de Navailles ou de
Bénac, quoy qu'il fust en droit de se qualifier : Montaud de St-Civier et de
Bénac, comme ses ancêtres l'ont fait autrefois.

Et ainsi led(it) s(ieu)r de Montaud et la dame de Lescure, sa sœur, ne
doivent pas faire difficulté de se présenter à l'assigna(ti)on quy leur a esté
donnée aux requettes de Tholoze, ou en justice ils doivent estre relaxés indu-
bitablement sur les actes cy-dessus allégués.

Délibéré le 22 jour d'aoust 1673.

Manan.[1]

Nous ignorons le résultat produit par cette consultation ;
toutefois Roger écrivait quelque temps après à Louis XIV :

Sire,

Le s(ieu)r comte de Montault-St-Civier, brigadier des armées de V. M. et
gentilhomme de la chambre de messeigneurs les enfants de France, prend la
liberté de luy représenter très humblement qu'il a l'honneur d'être yssu et de
même nom et armes que les anciens seigneurs de Montault, barons de Bénac,
dont la branche ainée a fini dans la personne de feu M. le maréchal de
Navailles. Led(it) s(ieu)r de Montault-St-Civier plus occupé, à l'exemple de
ses ancêtres, de se montrer digne de sa naissance par des services militaires
(qu'il ose dire n'avoir pas été ynutiles au succès des armes de Votre Majesté),
il a recherché des titres de sa maison pour constater la haute noblesse de son

1, Chartier du Grand-Séminaire d'Auch, nº 13787.

origine. Il a recouvré, Sire, ses titres quy prouvent évidemment la jonction de sa famille avec la maison des seigneurs de Montault, barons de Bénac. Il les a présentés au s(ieu)r de Beaujon, généalogiste des ordres de Votre Majesté, lequel luy a fait des objections sur leur validité et leur contexture, après lesquels il luy a conseillé de les faire examiner par le s(ieu)r d'Hosier de Sérigny, juge d'armes de la noblesse de France, le plus sçavant et le plus scrupuleux critique de notre tems aussi bien que par les RR. PP. dom Tassin et dom Clémence, bénédictins de l'abbaye des Blancs-Manteaux, dont la probité est universellement reconnue.

Led(it) s(ieu)r de Montault a suivi le conseil dud(it) s(ieu)r de Beaujon et ces trois personnes d'un avis unanime ont résolu toutes les objections dud(it) Beaujon et déclaré incontestable la validité des titres dud(it) s(ieu)r de Montault, prouvant sa jonction avec les Monthault, barons de Bénac.

Il joint icy la copie des certificats quy luy en ont été expédiés en bonnes et dues formes ; cependant, Sire, led(it) Beaujon persiste dans son premier avis ; quelque lumière que puisse avoir un avis particulier, pourroit-il prévaloir sur celuy de tant de personnes aussy célèbres dans de pareilles matières et aussy respectables par leur probité.

Led(it) s(ieu)r de Montault ose donc espérer de la bonté et de la justice de Votre Majesté, qu'elle daignera le faire jouir à sa cour des honneurs et des distinctions qu'Elle veut bien accorder à la haute noblesse de son royaume ; et il continuera, Sire, ses vœux et ses prières pour la précieuse conservation et pour la gloire de Votre Majesté.

Autre main et autre écriture :

Les titres ont été examinés en présence de M. le duc de Sadillac et constaté que ce n'étoit qu'une humeur mal fondée de la part du s(ieu)r de Beaujon.

M. de Montault a en conséquence monte dans les carrosses du roy, soupe et chasse avec Sa Majesté, et fait présanter madame la comtesse de Montault.[1]

XVI

Françoise de Montaut-St-Sevié, fille d'Etienne et sœur de Roger, reçut, par contrat de mariage avec Louis de Lescure, chevalier, seigneur baron de Lescure, Trébons. Maviel, Caldeires et autres places, toutes les terres de Bigorre pour sa part à l'héritage paternel, alors que son frère gardait pour lui les seigneuries de Montaut et Beaumont. C'est ainsi

1. Chartier du Grand Séminaire d'Auch, n° 13777,

que Françoise de Montaut-St-Sevié posséda longtemps St-Sevié, Visquer, Couhite et Arbouix.

A quelle époque les deux époux vendirent-ils leurs biens de Bigorre ? En 1719, nous avons encore des actes signés par eux, la signature de M. d'Intrans de Visker ne paraît qu'en 1730. M. d'Intrans, en achetant les deux seigneuries de St-Sevié et Visquer, ajouta ce dernier nom à son nom patronymique.

III

Une mention spéciale doit être accordée à l'homme qui, au XVIIᵉ siècle, a le mieux représenté le pays de Bigorre à la cour des rois de France. Cet homme n'est autre que Jean-Michel de St-Sevié, abbé de St-Savin, chanoine et archidiacre de l'église métropolitaine de Toulouse, agent de la province de Toulouse aux assemblées générales du clergé de France en 1625 et 1628, conseiller du roi en ses conseils d'état et privé, et prieur de St-Maurice de Monbron, au diocèse d'Angoulême.

Jean-Michel de Montaut-St-Sevié est le cinquième des enfants de François de Montaut, seigneur de St-Sevié. Nous ne connaissons ni le mois, ni l'année de sa naissance; tout nous porte à croire qu'il naquit en 1587.

Comment s'écoula son enfance ? Il vécut heureux et tranquille au sein de la famille, attentif aux leçons qu'il recevait chaque jour. Ses études solides, commencées dans la demeure seigneuriale de St-Sevié, il les continua sans doute dans quelque abbaye. Le village de Bénac possédait un prieuré dépendant des Bénédictins de St-Pé; Jean-Michel, fut-il l'élève de ces religieux, fidèles gardiens de la science réfugiée dans les couvents ?... Je l'ignore; mais du moins il fréquenta toujours ces religieux et entretint toujours avec les bons Pères les relations les plus cordiales ; il était l'ami du P. Jean Magenties, prieur, et des frères Bale et Magenties que nous voyons figurer dans tous les actes passés par l'abbé de St-Savin. Il est probable que cette liaison intime avec les moines de Bénac exerça une heureuse influence sur son avenir, et que sa vocation religieuse se réveilla à la suite de quelque chaud entretien sur la vanité des choses qui passent ou sur le bonheur de servir Dieu seul. C'est ainsi que l'abbé de St-Sevié acquit les vastes connaissances qui lui valurent l'estime générale et les grandes dignités accordées par l'Eglise et par la Royauté.

Bien jeune encore, âgé de 32 ou 33 ans, Jean-Michel de St-Sevié fut nommé abbé de l'Escaledieu, mais il permuta bientôt son abbaye pour celle de St-Savin, avec Bernard de Sariac, qui venait de recevoir sa nomination.

Le 17 may 1610, noble Jacques-Bernard de Bareges, seigneur de Lahitte-es-Angles, fut procureur de Jean Ducasse, lieutenant particulier en la seneschaussée de Bigorre, économe nommé par le roy de l'abbaye de St-Savin le 1 mars 1610 ; lequel économe consentit que messire Jean-Michel de St-Sevié, nommé par le roi à lad(ite) abbaye et nobles François et Bernard de St-Sevié père et fils perçoivent les fermes.[1]

Les bulles ne furent expédiées de Rome que deux ans plus tard, et c'est seulement le 3 mars 1612 que Jean-Michel de St-Sevié prit possession, par procureur, de son abbaye de St-Savin. L'Inventaire des biens et titres de St-Sevié en fait mention en ces termes :

Plus acte de prinse de possession de l'abbaye de sainct Sevin par monsieur de St-Sevié, retenu par de Suzac not(air)e es datte du troysiesme marcs mil six cens douze.

Pendant ces deux années d'attente les affaires allaient mal. Le receveur des décimes fit une saisie sur les fruits de l'abbaye. Outrepassa-t-il ses droits ? Exigea-t-il au-delà de ce qu'il lui était dû ?... François de St-Sevié réclama en sa qualité d'économe.

Correction de plaide. — Corrigeant son plaide, noble Françoys de San Sebié, econome de labadie de sainct Sevin par devant vous monsieur le seneschal de Bigorre, lieutenant en court, contre Me Saulnat d'Iharse, recebueur des decimes en la comté de Bigorre et dioceze de Tarbe, aulx fins d'obtenir ses conclusions et autres plus estimantes.

Après avoir emplouié le proces en ce que faict pour luy ny aultrement dict que à bon droict, il s'est randeu demandeur en sibla(ti)on de bans contre led(it)

<hr>

1. Larcher, *Glanage*, t. X, p. 362.

d'Iharse quy a faict prandre et bannir tous les fruicts appertenants à lad(ite) Abbadie dud(it) lieu ; de sorte que les aliments et norriture des religieux sont bannis et arrestés à la requeste dud(it) d'Iharse, ce qu'il ne pouvoit faire ; d'autant qu'il avoit prins et receu en paiem(e)nt certains judica(ti)ons pour certains particuliers quy sont dévoués à lad(ite) Abbadie, entre autres Nicau, Barbe et Anthoyne Duportz, la somme de 300 livres ; de laquelle judica(ti)on led(it) d'Iharse se seroict contanté et laquelle doibt poursuibre sy bon luy semble et les contraindre suibant les créances qu'il a contre eus. Sy disent ils auroient paye quelques les années passées, ils en doibent autant la p(rese)nte année alors les peut faire payer pour lad(ite) judica(ti)on.

Et pour le rezideu de ce quil dict debuoir prandre du temporel led(it) s(ieu)r de St-Sevié offre luy bailler en judica(ti)on des biens dud(it) temporel, comme sy debant luy a offert. Car il nest roysonnable que ced(it) d'Iharse luy tienne empescher toutz les fruictz et esmoluments de la dite abbaye et que les religieux quy font le sainct Service nayent moien de se norrir et entretenir de leurs aliments et pintions desd(its) religieux et nobsté les instances dud(it) recebueur et fins de ny procéder que led(it) d'Iharse allegue apres avoir playde et contesté la matière et debant vous ; et que aussi se seroict veu grand abus aud(it) d'Iharse davoir fait prandre et bannir touts les fruicts de lad(ite) Abbadie sans rien laisser pour les aliments des religieux ; aussy offre led(it) s(ieu)r de Sen Sebier payer les décimes qui escherront à la Tossaintz la p(rese)nte année ou bien luy bailler d'indica(ti)ons suffisantes pour se faire payer.

Sur quoy conclud à ce que bostre sentence et juge(me)nt déffinitif de lad(ite) Abbadie aud(it) de Sensebié et que suibant leur accord led(it) d'Iharse se tiendra contant des judica(ti)ons qui suffisament luy seront baillées, le condamner aussy aux despens et aultrement plus nullement.

Renessac pour le s(ieu)r économe.[1]

Sa vie, Jean-Michel la consacra tout entière au bien spirituel du troupeau qui lui était confié. Loin de suivre l'exemple de tant d'abbés, qui ne paraissaient dans leur abbaye que pour en percevoir les revenus, l'abbé de St-Sevié resta au milieu de ses religieux tant que sa santé le lui permit. Il ne dira pas, lui :

La cour est mon pays, je n'en connais point d'autre.

Nul ne comprit mieux que lui le prix de la solitude, nul n'en fit meilleur usage.

1. Chartier du Grand Séminaire d'Auch, n° 17112.

Mais tout change ici-bas, tout dégénère ; et les ordres religieux les plus sévères perdent de leur ferveur. Les guerres de religion avaient porté le trouble et la dévastation jusque dans ces cloîtres retirés au sein des montagnes. Plusieurs fois le monastère avait été saccagé par les Huguenots ; les religieux avaient été dispersés et avaient cherché un refuge loin du couvent ; abandonnés à eux-mêmes, ils n'observaient plus la règle dans toute sa sévérité, et il fallut à l'abbé de St-Savin une grande prudence et un grand courage pour les maintenir dans l'obéissance. Il appela à son secours le pape Grégoire XV, et soumit son abbaye à la florissante congrégation de St-Maur que ce pape venait d'autoriser en 1618.

A quelle époque la réforme de St-Maur fut-elle introduite à St-Savin ? Un manuscrit des archives de la Préfecture : « Le Répertoire des papiers et titres de St-Savin, fait le 15 décembre 1768, » nous renseignera en toute vérité : Union du monastère à la congrégation de St-Maur en 1620. Le même manuscrit des archives de la préfecture nous dira enfin que la copie du concordat du monastère de St-Savin et des religieux de la congrégation de St-Maur, est du 9 décembre 1623.[1]

« Ce fut sous cet abbé (Jean-Michel de St-Sevié) que le monastère de St-Savin fut réuni en 1621 à la congrégation de St-Maur par le pape Clément XI.[2] »

« Il donna le monastère à la congrégation de St-Maur en 1623.[3] » « Jean-Michel de St Sevié établit à St-Savin en 1623 la congrégation de St-Maur.[4] »

---

1. Répertoire des papiers et titres de St-Savin, p. 53. — Archives de la Préfecture.

2. ABBADIE (Joseph), *Détails archéologiques et historiques sur St-Savin*, p. 51.

3. LAGRÈZE (Gustave BASCLE DE), *Histoire religieuse de la Bigorre*, p. 274.

4. LARCHER (Jean-Baptiste), *Glanage*, t. X, p. 245.

L'abbé C. Douais nous donne les noms des premiers religieux de la réforme venus à St-Savin. Le 6 décembre 1622, l'abbé de St-Savin donna à D. Paul d'Hilaire une prébende vacante dans son abbaye avec le prieuré de Barèges.[1] Le 9 novembre 1623, un traité fut passé avec D. Thomas Baudry, supérieur du Séminaire St-Louis de Toulouse, pour l'établissement de la réforme de St-Maur à St-Savin de Lavedan ; et le 20 janvier 1624, les religieux de la congrégation de St-Maur prirent solennellement possession de l'abbaye...[2] Les premiers religieux, qui furent envoyés, étaient D. Paul d'Hilaire, D. Ambroise Tabouriech, D. Odo Lamothe, D. Anselme Rolle, D. Edmond Dambes, D. Robert Berdoulat, et D. Hugues Calmeils, plus tard D. Maur Barrés.

Son zèle pour la maison de Dieu trouva sa récompense même dans ce monde. Louis XIII voulut reconnaître une vertu si éprouvée ; il mit sur le chandelier cette lumière trop longtemps restée sous le boisseau ; le roi le nomma « conseiller en ses conseils d'estat et privé » : ce qui paraît d'après l'article suivant de l'Inventaire :

Plus lettres patentes du roy Louys et de luy signées es fabueur de mestre Jean-Michel de Sainct Sevie et Montault par lesquelles il est porté que Sa Majesté l'a retenu et retient pour un de ses conseillers es ses conseils d'estat et privé auxquels elle veult qu'il aye désormais entrée, scéance et boies délibératives, es-datte du huicticsme septembre mil six cens vingt troys.

1. Joannes Michael de Sancto Sivié, abbas commendatarius Sancti Savini, contulit domno Paulo d'Hilario, congregationis sancti Mauri monacho, unum locum, xeu proebendam monachalem, in dicto maursterio, cum prioratu Sanctæ Mariæ de Bariege. Actum VI decembris, anno Domini MDCXXII. Bibl. nat., ms latin 12696, fol. 29.

2. Joannes Michael de Sancto Sivié, canonicus et archidiaconus ecclesiæ Tolosanæ, pepigit cum domno Thoma Baudery, congregationis sancti Mauri, seminarii Tolosani prioris, de restituenda in hoc monasterio regulari observantia beneficio monachorum ejusdem congregationis. Actum IX novembris, anno Domini MDCXXIII.
Vigesimo insequentis anni die, septem ex ejusdem congregationis et monasterii monachi divinis rebus inibi solemni ritu operati sunt.
Bibl. nat., ms latin 12696, fol. 27.
Revue de Gascogne, t. XXXI, p. 449.

L'abbé de St-Sevié occupa une place brillante à l'assemblée générale du clergé de France ; il fut élu en 1625 par la province de Toulouse. Le clergé se réunit au couvent des Augustins sous la présidence du cardinal de Sourdis, archevêque de Bordeaux. Les pages que je me permets de transcrire montreront quel rôle important a joué l'abbé de St-Savin.

Le 24 mai[1] M. Alphonse de Breteuille, official de Rouen, chanoine et chancelier de l'église métropolitaine dud(it) lieu, syndic général du clergé de Normandie, élu agent par la province ; et Jean-Michel de St Sevié, abbé de St-Sevin, chanoine et archidiacre de l'église métropolitaine de Toulouse, élu agent de la province de Toulouse, ont présenté leurs procurations des 16 et 19 avril 1625, lesquelles après avoir été lues ont été trouvées en bonne forme et iceux reçus pour agents du clergé et renvoyés à prêter le serment jusqu'à ce que les autres députés le prêtent.

Le 27 mai, Mgrs les Prélats et autres députés prêtèrent le serment qu'on a accoutumé de faire et dont la teneur suit : « Nous promettons et jurons de n'opiner et donner advis qui ne soit selon nos consciences à l'honneur de Dieu et autorité, bien et conservation de son Eglise, sans nous laisser aller à la faveur, importunité, crainte, intérêt particulier, ni autres passions humaines ; que nous ne révèlerons directement ni indirectement, pour quelque cause et considération, ni pour quelque personne que ce soit, les opinions particulières, délibérations et résolutions prises en la compagnie, sinon en tant qu'il sera permis par icelle. »

Jean-Michel de St-Sevié était à l'assemblée générale ce que nous appelons l'introducteur des ambassadeurs. Il était désigné pour recevoir et conduire au sein de l'assemblée les personnages de la cour ; il était délégué auprès du roi pour formuler les demandes et transmettre les décisions royales. Toutes ces pérégrinations ne l'empêcheront point de veiller aux intérêts de la province. Il y a des désordres à corriger, sa voix se fera entendre persuasive et forte.

Le 3 juin, Mgr l'évêque du Mans a fait lecture des chapitres des taxations des provinciaux pour les recettes des pensions des ministres convertis et dons gratuits ; sur quoi il a été requis par le s(ieur) abbé de St Sevié qu'il plût à l'assemblée de déclarer et regler quels revenus ont droit de taxation sur la

---

1. *Collection des procès-verbaux des Assemblées générales du clergé de France,* t. II, p. 405 et suivantes. Bibliot. de la ville.

levée de ces deniers extraordinaires, et délibération prise par provinces, l'assemblée a déclaré et déclare que les seuls receveurs tant provinciaux que diocésains qui seront en exercice et feront l'actuelle recette desd(its) deniers extraordinaires ont droit de taxation et non hors de leur année d'exercice et n'en être point dû en aucune façon aux controlleurs tant anciens que nouveaux.

Le 14 juillet, M^{grs} du Mans et de Valence, deux s(ieu)rs du second ordre et e s(ieu)r de St Sevié, agent, furent députés pour aller voir les commissaires du roi et les remercier de l'honneur de leur visite. Ils furent chargés de leur faire entendre les justes déplaisirs que l'assemblée souffrait de ce qu'il n'a encore été rien accordé à ses députés en cour pour le bien et soulagement du clergé et de les prier de faire tout ce qui était en eux pour faire accorder aux diocèses affligés des arrets de decharge en considération des non-jouissances et autres cas contenus au contrat.

Le 30 octobre, le s(ieu)r de St Sevié rapporta que MM. les commissaires du roi avoient commencé à travailler aux décharges, et qu'ils avoient promis de continuer pour donner satisfaction aux diocèses affligés.

Le 13 décembre, le s(ieu)r abbé de St Sevié, agent, rapporta une requête au nom des bénéfices du comté de Foix, lequel par ordonnance du gouverneur du pays ont été cotisés de même que le moindre bien-tenant dud(it) pays pour fournir des vivres à l'armée qui est dans iceluy comté. Ce qui est tout à fait contre les immunités et exemptions accordées au clergé : laquelle plainte n'étant pas suffisamment vériffiée par de bons et valables actes, l'assemblée a ordonné que les agents feroient diligence pour tirer preuves suffisantes du contenu en lad(ite) requête pour en faire plainte à Sa Magesté et se pourvoir ainsi que le bien et l'importance de l'affaire le requiert.

Le 24 janvier, le s(ieu)r de St-Sevié requit qu'il fut député des commissaires pour voir en quel-état sont les arrets, édits et autres expéditions qui ont été promises à l'assemblée afin que tout ce qui peut se faire à l'avantage du clergé y soit couché au long et de la façon qu'elles ont été promises.

Jean-Michel de St-Sevié répondit en toute manière aux espérances qu'avaient fondé sur lui et ses électeurs et l'Eglise de France. Qu'il y a loin de ces élus de 1625 aux pots-de-viniers de 1889 ! De nos jours, que de promesses, et combien peu de ces promesses se réalisent !!... Jean-Michel peut se présenter à de nouvelles élections, il sera réélu. L'assemblée de 1628 le voit revenir dans son sein. Elle est tenue à Poitiers et à Fontenay. On le nomme promoteur. Les nouveaux délégués crurent de leur devoir de donner un témoignage de satisfaction aux deux agents de la dernière assemblée.

Le 20 juin, l'assemblée délibéra devoir gratifier les agents en charge. D'autant que led(it) de Breteuille et de St-Sevié auront bien et fidèlement servi le clergé de France en général et en particulier, par les preuves et témoignages que la présente assemblée en a reçues ci-devant et qu'elle espère qu'ils continueront jusqu'au temps qu'ils sortiront dud(it) service de leurs agences ; il auroit été jugé fort roisonnable de les gratifier comme on fait à ceux qui les ont précédés en pareille charge. Délibération prise par provinces, l'assemblée leur a donné pour le temps de leurs services passés et espérés jusqu'en 1630 chacun la somme de 12000 livres ; a sçavoir présentement la somme de 6000 livres chacun en lad(ite) année 1630, le tout payable par le R. G. auxd(its) s(ieu)rs agents et sur leurs simples quitances rapportant lesquelles sommes lui seront allouées en ses comptes.

De laquelle gratification lesd(its) sieurs agents auront très-humblement remercié la compagnie, et icelle priés que jamais ils ne se départiroient du fidéle service qu'ils ont voué au clergé en général et en particulier.

Les affaires vont mal. La victoire fuit nos étendards, les caisses sont vides, il faut tenir tête aux Huguenots secourus par l'Angleterre. Les partisans de la doctrine de Calvin ont concentré toutes leurs forces sur La Rochelle, et cette ville devint le boulevard du parti, son dernier comme son plus ferme appui. Richelieu le comprit ainsi lui-même, et résolut d'emporter la ville à tout prix. Il présida au siége en personne, ferma le port aux Anglais par une digue immense, la famine réduisit enfin les malheureux Rochelois à se rendre à discrétion au roi présent au siége. Cela se passait en 1628. Le roi demanda au clergé un secours de trois millions ; l'assemblée devait acquiescer au désir du roi ou se séparer dans quatre jours. On se plaint de la rigueur de l'ordre royal, on offre un million.

Le 6 juin, lecture auroit été faite d'une lettre du s(ieu)r de St-Sevié étant à la suite de la cour près messeigneurs les commissaires du clergé, députés vers le roi, par laquelle il donne avis du traité commencé sur l'offre d'un million d'or à Sa Magesté pour le paiement duquel le clergé consentoit la création d'un receveur et controlleur triennal diocésain aux gages de 140000 livres d'impositions ainsi qu'il avoit été fait pour les alternatifs créés en 1621 ; laquelle imposition le clergé cédoit au roi pour 1680000 de livres et le surplus dud(it) million d'or imposable sur tous les bénéfices de France en trois termes prochains ; sur le total desquelles impositions le roi remettoit aux d(its) seigueurs députés pour leurs taxes et frais communs 200000 livres à prendre, moitié sur le parti qui sera fait desd(its) offices et l'autre moitié sur le premier paiement de l'imposition qui doit être levée en trois termes ; et de plus que pour traiter de toutes les affaires et demandes du clergé en la présente assemblée, MM. le garde des Sceaux, de Chateauneuf et d'Auguerres avoient été nommés pour commissaires.

Duquel rapport et état des affaires la compagnie auroit été satisfaite et auroit chargé led(it) s(ieu)r de Breteuille d'écrire au s(ieu)r de St-Sevié que lesd(its) seigneurs députés étoient priés de continuer à faire expédier les affaires et de les avancer de leur possible, se remettant l'assemblée à l'intelligence, fidélité et diligence desd(its) commissaires.

Ces quelques extraits montrent suffisamment le rôle joué par l'abbé de St-Sevié dans les assemblées générales du clergé de France en 1625 et 1628.

Le travail avait affaibli peu à peu la santé de Jean-Michel. L'abbé de St-Savin venait se reposer au sein de sa famille des soucis de son administration, il venait respirer l'air natal et retremper son tempérament ébranlé.

Des réparations urgentes dans l'église de Bénac s'imposent, il faut de l'argent et la communauté a déboursé son dernier sou vaillant.

Aujourd'huy doutziesme jour du moys de féburier mil six cens vingt troys au lieu de Benac et au devant de lesglise dud(it) lieu ou les affaires communes se traictent apres midy regnant Louys par la grace de Dieu roy de France et de Navarre constitués en leurs personnes propres dom fraire Pierre Darié prieur jadis de Bénac Arnaud Balle, Pierre Magenties religieux aud(it) lieu Isaac de Peyralade Pey de Casauxdessus, Arnaud de Pont, Bernard de Pedeport et Jean de Doulce veguier et consuls dud(it) Benac acistés de Pey de Boe, Jean de Nogué, Julian de Clavere, Domenge de Barrere d(it) Antin, Thomas de Capdet, Estienne de Raytrade, Jean de Miqueu, Andreau de Lostaunau, Bartholomy de Forcade, Jean Daquo, Jean de Cau, Anthoine de Puyo, Domenge de Larrieu, Pasqual de Cazanabe, Pey de Camo, Bertrand de Pouche, Domenge de Moniquot, Jeanpenin de Toulet, Ramond de Soulinis, Bernard de Gaillardon, Jean de l'Espitau, Jean d'Escriban, Jean de Pontac, Arnaud de Condesse, Jean de Cousso, Jean de Trusse, Anthoine Laporte, Bernard de Carrère, Arnaud de Junqua, Fabian de Frexo, Bertrant de Monart, Ramond de Pujolles, Pey de Vignau, Penin de Balle, Jean de Lafforgue, Jean de Cazabant, Jeanpenin de Barac, Guilhem de Castagnede, Jean d'Abbadie d(it) Tambourin, Domenge de Cazaux, Pey de Couzine, Jean de Pradet, Laurent de Ponnau, Bartholomy de Cazalet, Anthoine de Capmartin, Bernard de Haurat, Michel de Cortade, Anthoine de Cazauxdebat, Bernaton de Bareilles, Michel de Belloc, Pierre d'Augé, Arnaut de Belloguet, Domenge de Casarré, André de Poyastrade, Jean de Larré, Ramond de Palu, Domenge de Sabathé, Hortanno de Vives, Domenge de Mule, Domenge de Donguay, Jean de Vié, Arnaud de Codoigné, Arnaud de Senlane, Ramond de Douce, Jean de Lostalet, Jean de Ragelle, et Augier de Plan les tous manantz et h(abit)ants dud(it) lieu estant tous assemblés à son de cloche, lesquels ont faict crée et constitue leurs vrays sindics procureurs espéciaux et généraux l'espécialité ne desrogeant à la generalite ny au contraire sçavoir est à M° Jean Magenties prebtre et prieur dud(it) lieu et M° Bertrand Dulcis p(reb)tre et recteur dud(it) lieu expressément et par exprès pour et au nom desd(its) cons-tituants s'aller obliger envers messire Jean-Michel de Sensebié abbé comman-dataire de l'abbeie de Sensebin ou autre tel que pour cest effect de luy auront charge en la somme de six cens livres pour apres icelle somme estre employée à la répara(ti)on de lesglize dud(it) lieu de Benac et prandre tel terme qu'ils advizeront à payer avec les clauzes requizes en lad(ite) obliga(ti)on promet-tant lesd(its) constituants avoir le tout pour agréable, ferme, estable tout ce que par leurs sendics en ce faict sera faict, point ne les revoquer ains les rellever indemnes soubs obliga(ti)on de tous et chescuns leurs biens tant comuns que particuliers de lad(ite) communaulté quaussy la rente annuelle de lad(ite) esglise que les tous ont soubsmis aux rigueurs de justice et ont faict les renoncia(ti)ons à ce requises et necessaires et ainsin l'ont promis et juré en presance de Pierre d'Escriban dud(it) Benac, Bernard de Cazaudebat et Bernard de Gnaudebac du lieu d'Averan, led(it) d'Escriban signé avec lesd(its) sieurs Darié, Balle et Magenties les autres tesmoings ont dict ne sçavoir escripre et moy not(air)e.

Darie constit(ua)nt
Balle constituant
J. Magenties constituant
D'Escriban p(rése)nt
De Carrère not(air)e royal.[1]

L'abbé de St-Sevié prêta à ses compatriotes l'argent dont ils avaient besoin, et la rente de cette somme de « six cens livres » fut employée partie à la réparation de la chapelle de St-Sevié dans l'église paroissiale de Bénac, partie à la fondation d'un obit pour lui et pour ses parents.

Comme ainsin soict que par contrat retenu par moy not(air)e soubzsigne le vingtie(sme) octobre mil six cens vingt six, messire Jean-Michel de Sensebié, conseiller du roy en ses conseilz d'estat et pribé abbé de Sensebin et agent général du clergé de France, eut baillé à réparer l'ancienne chapelle de la ma(is)on de Sensebié, fondée et construite dans l'esglise parrouchielle Saincte-Marie de Bénac à Guicharnault et Jean La Laque fraires masons du lieu d'Adé au prix et condi(ti)ons convenus par led(it) acte, et suivant autres

---

1. De CARRÈRE (Pierre), étude Duguet à Tarbes.

conventious et articles accordés entre led(it) seigneur abbé et les sieurs prieur cure et religieux de Benac, esquelles conventions seroient aussy interveneus les margulliers de l'esglize dud(it) Benac et le sindic et consuls manants et h(abit)ants dud(it) lieu chescun po(u)r ce quy leur concerne et ainsin qu'il sera cy apres deduict. Et de quoy toutes parties sont demeurées d'accord sy qu'il ne reste qu'a passer contraict pour plus grande validité et asseurance. Est-il que cejourd'huy vingt neuviesme jour du moys d'aoust mil six cens trente deux au barry de Bénac ma(is)on seigneurialle de Sensebié avant midy comté et seneschaussée de Bigorre dioceze de Tarbe regnanį Louys par la grace de Dieu roy de france et de navarre par devant moy not(air)e et tesmoings sy-bas nommes. Ce sont constitués en leurs personnes lesd(its) Me Jean Michel de Sensebié conseiller en ses conseils d'estat et privé, abbé de St Sebin, et agent general du clerge de france, et Me Jean Magenties, prieur, Bertrand Dulcis, recteur, fraires Arnaud Bale et Pierre Magenties religieux dud(it) lieu et Jean de Doulce, Arnaud de Gros, Jean de Pontac, Jean Miqueu d(it) de La Forgue et Arnaud de Volloguet veguier et consulz dud(it) Benac, ensemble Domenge de Cazaux et Jean penin de Ragelle margulliers en lad(ite) esglize et les tous faizant tant pour eux que pour tous les manants et hab(it)ants dud(it) lieu que pour leurs successeurs à l'advenir promettant de faire ratiffier auxd(its) manants et h(abit)ants dud(it) lieu de Bénac le p(rese)nt acte. Lesquels conformement auxd(its) articles et conventions desquels ils sont demures d'accord comme sensuict : Ont ensemble convenen que lesd(its) sieurs prieur, cure, religieux quy sont à p(rese)nt et à l'advenir feront tous desservir lad(ite) chapelle de Sensebié quy est dans lad(ite) esglize Saincte Marie de Benac pour la sepulture des sieurs de la ma(is)on de Sensebié et en icelle celebvrer touts les mercredis de chasque sepmaine a perpetuite une messe basse pro defunctis pour les âmes des pere, mere, fraires et grand-mere dud(it) seigneur abbe, avec l'oraison Deus qui non peccatorum et le neufviesme d'octobre de chasque annee. Apres le deces dud(it) seigneur abbe en pareilh jour quil descedera une messe haulte de requiem aussy à perpetuite. Et pour subvenir auxd(its) services et entretien de lad(ite) chapelle de Sensebié led(it) seigneur abbe a constitue de rente annuelle auxd(its) sieur prieur, cure et religieux quy sont à p(rese)nt et à l'advenir la somme de 18 livres 15 sous à prandre sur la rente de la somme de 300 livres que led(it) seigneur abbé doibt prandre des margulliers, consulz, manants et h(abit)ants dud(it) Benac. A ces fins sy debant par luy colloques et à p(rese)nt par led(it) seigneur abbé tarativement designes et indiques auxd(its) sieurs prieur, recteur et religieux pour lad(ite) somme de 18 livres 15 sous estre prise par lesd(its) joignant 14 livres 15 sous annuellement pour led(it service desd(ites) messes et les 14 livres restantes estre employees par lesd(its) sieurs à 'a repara(ti)on de lad(ite) chapelle quand besoing sera. Et oultre lad(ite) rente led(it) seigneur abbe a constitue auxd(its) sieurs prieur cure et religieux autre pareille somme de 18 livres 15 sous de rente annuelle a prandre des mesmes margulliers consulz manants et h(abit)ants dud(it) lieu de Benac de pareille somme de 300 livres quils demuret obliges aud(it) seigneur pour a la charge par iceux de dire et celebvrer une messe et tous les dimanches et faistes solepnelles de l'année a perpetuite et lorsquils en seront requis en autre chapelle quy est joignante a lad(ite) ma(is)on de Sensebie et le fons de laquelle rente led(it) seigneur abbe a pareillement indiquee et assignee es mains desd(its) margulliers consulz manants et h(abit)ants dud(it) Benac. Lesquels d(its) margulliers consulz manants et h(abit)ants demurent obliges en lad(ite) somme de 600 livres envers led(it) seigneur abbe par acte reteneu par moy not(ai)re soubzigne le seitziesme feburier mil six cens vingt et troys ; en consequence du sindiquat reteneu par moy d(it) not(ai)re le doutziesme feburier mil six cens vingt et troys ; lad(ite) somme ayant esté empruntée aud(it) seigneur abbe à l'effet de la repara(ti)on de l'esglize dud(it) lieu et l'employ en ayant este faict par lesd(its) sieurs Magenties Dulcis religieux margulliers consulz manants et h(abi)ants dud(it) lieu pour par-chever la muralhe boisement et couverture de lad(ite) esglize. La rente entière de lad(ite) somme de 600 livres revenant à 37 livres dix sous led(it) seigneur abbe donne taxativement auxd(its) sieurs prieur cure et religieux pour le service desd(ites) deux chapelles en la sorte que dessus ne vollant que pas autre bien soict affecte ny soict oblige pour icelle a la charge aussy que le capital de 600 livres ne porra estre leve que par lesd(its) prieur recteur et religieux et leurs successeurs que pour estre faict l'employ en bonnes et assurees mains pour tenir lieu de fons a perpetuite pour lad(ite) rente de 37 livres 10 sous au préalable appele le seigneur et dame de la ma(is)on de Sensebie. A quoy led(it) Jean Doulce, Arnaud de Gros, Jean de Pontac et Arnaud de Volloguet veguier et consulz ensemble Domenge de Cazeaux et Jean penin de Ragelle margulliers faizant tant pour eux que pour lesd(its) manants et h(abit)ants dud(it) lieu auxquels ont promis faire ratiffier le conteneu du p(rese)ns acte illec p(rese)nts et stippulants ont consenty et ont promis et se sont charges du consentement desd(its) prieur cure et religieux faizant tant pour eux que pour leurs successeurs a l'advenir de payer annuel-lement pour la cause susd(ite) et aux condi(ti)ons apposées au p(rese)nt contraict lad(ite) rente de 37 livres 10 sous aux susd(its) prieur cure et reli-gieux. Lesd(its) Me Jean Magenties prieur Bertraud Dulcis recteur et fraires Arnaud Balle et Pierre Magenties religieux p(rese)nts stippulants et acceptants moyennant le capital de 600 livres es quelles par led(it) acte du 16 feburier 1623 lesd(its) margulliers consulz manants et h(abit)ants dud(it) Benac demu-rent obliges envers led(it) seigneur abbe et a p(rese)nt par l'indiqua(ti)on et assigna(ti)on susd(ites) demurent vallablement descharges par le p(rese)nt acte envers led(it) seigneur abbe demurant accorde que lesd(its) h(abit)ants ne pourront estre contraincts pour led(it) capital en payant annuellement lad(ite) rente constituee. Et moyennant ce-dessus led(it) seigneur abbe a consenty pour son reguart a la cancella(ti)on du susd(it) acte d'obligua(ti)on du 16 feburier 1623 faict en sa fabueur sans touttefoix soy demestre en la priorite d'hypo-thèque pour y avoir reconneu en cas de besoing comme aussy a estre reconneu entre led(it) seigneur abbe et lesd(its) sieurs prieur cure et religieux qu'au cas ils n'accompliroient le nombre de messes sy devant accordé dans la chapelle proche de la ma(is)on à faulte de requisi(ti)on du seigneur de lad(ite) ma(is)on ou aultrement qu'ils seront teneus a celebvrer un jour de la sepmaine pro defunctis dans lad(ite) chapelle construite dans l'esglize Saincte Marie de Benac. Et tout ce dessus a este par les parties susd(ites) conveneu agree

stippule accorde et promis le tout observer et entretenir soubs obligua(ti)on
de leurs biens p(rese)nts et advenir et particulièrement lesd(its) Jean de
Doulce. Arnaud de Gros, Jean de Pontac Jean de Miqueu aliacs de Laforgue
et Arnaud de Volloguet ensemble led(it) Domenge de Cazeaux et Jeanpenin
de Ragelle sendicz pour le paiement de lad(ite) rente annuelle quy ont oblige
leurs biens particuliers de lad(ite) com(munau)té par eux soubzmis aux
forces et rigueurs de justice ; toutes parties ont faict les soubsmissions et
renoncia(ti)ons a ce requises et necessaires et aux fins de l'authorisa(ti)on et
observa(ti)on du p(rese)nt acte ont consenty qu'il soict omologne en toute
iuridiction spirituelle et temporelle et en cour de Rome sy besoing est ; constituant à ces fins toute procure avec promesse de relief et ainsiu l'ont promis
et iuré. P(rese)nts noble françois d'Antin s(ieu)r d'Oront et Marius d'Omex
s(ieu)r dud(it) lieu soubzignes avec led(it) seigneur abbe prieur recteur et
religieux et de Gros consul les autres ont dict ne sçavoir escripre et moy
not(ai)re royal, Mᵉ Jean Courreges recteur d'Asereix, pierre Casaux escolier de
Benac et Mathieu de la Gualhardie de Benac.

> M. de St Sevié fondateur.
> J. Magenties acceptant.
> Dulcis pnt.
> Magenties pnt.
> Bale pnt.
> De Gros consul.
> J. Courreges.
> De la Guallardie.
> Dantin.
> Marius Daumex.
> Pierre Cazaux pnt.
> De Carrère not. Roy.

Le quatriesme jour du moys de septembre mil six cens trente deux au lieu
de Benac au devant de l'esglize dud(it) lieu ou les affaires communes se
traictent de matin reguant quy dessus auroict comparu la plus grande et saine
partie de la com(munau)té estant assembles à son de cloche lesquels apres
lecture faicte du p(rese)nt contraict auroict iceluy approuve et ratiffié sy que
par le même du p(rese)nt approuvent et ratiffient le conteneu d'iceluy consen-
tent qu'il sorte en son plaing et entier effect promettant ny contrevenir et
ainsin l'ont promis et iuré les uns apres les autres. P(rese)nts Pierre Casaux
escolier, Domenique Delhon maitre chirurgien dud(it) lieu h(abit)ants soubzignes, lesd(its) h(abit)ants ont dict ne sçavoir escripre et moy not(ai)re.

> P. Casaux p(rese)nt.
> Delhon p(rese)nt.
> De Carrere N. R.

Pujo pour led(it) s(ieu)r de St Sevié a requis l'enregistrement et l'authori-
za(ti)on du susd(it) acte en la cour de M. l'official de tarbe. Aud(it) tarbe le 25
feburier 1633.

> Pujo requeraut.

Sassere pour lesd(its) prieur recteur religieux et p(re)bres de Benac a consenty aud(it) enregistrement et authoriza(ti)on dud(it) acte en lad(ite) cour. Aud(it) tarbe le jour et an que dessus.   Sassère.

Amade procureur fiscal consent à l'enregistrement et authoriza(ti)on du susd(it) acte en lad(ite) cour attendu qu'il s'agit de l'augmenta(ti)on en service divin. Aud(it) tarbe le jour et an que dessus.   Amade.

Salvat d'Iharse par miséricorde divine evesque de tarbe à tous ceux quy ces p(rese)ntes verront salut ; sçavoir faizons et attestons que ce jourdhuy datte d'icelle en audiance de notre cour avoir comparu M° Dominique Puio p(re)bre et prebandier en notre esglize cathedralle pour M° Jean-Michel de St-Sebié conseiller du roy en ses conseils d'estat et prive, abbe de St-Sevin et agent general du clerge de France et Jean Sassere p(re)bre et archip(re)bre de notre esglize cathedralle lesquels chascuns pour sa partie en ce que luy concerne ont requis et consenty à l'enregistrement du susd(it) acte ; sur quoy apres que Amade notre procureur fiscal y a consenty et déclairé n'entendre empescher attendu qu'il s'agissoit de l'augmenta(ti)on du service de Dieu par Nous a esté approuve que led(it) acte soict enregistré et authorizé de Justice. Auquel enregistrement a esté satisfaict comme de ce lesd(its) acte et reconnoissance de notre cour attestent. En tesmoing de quoy requérant led(it) Puio avons faict expedier les p(rese)ntes à M° Jean-Michel de St-Sevié signé en icelle. Donné à tarbe le 25 feburier 1633.

De mand(eme)nt dud(it) seigneur evesque de Tarbes.

                     S. d'Iharse E. de Tarbe.[1]

L'abbé de St-Sevié saisit au vol l'occasion d'enrichir les siens d'un domaine auquel le rattachaient des souvenirs de famille.

Les seigneurs de Bénac, très éprouvés par les guerres de religion, ont besoin d'argent, la seigneurie de Beaumont et la baronnie de Montaut ont été engagées, et ils veulent vendre. L'abbé de St-Savin se présente comme acquéreur.

L'an mil six cens trente et cinq et le pénultiesme jour du moys d'avril au lieu et ma(is)on seigneurialle de Benac apres midy regnant Louys par la grace de Dieu roy de France et de Navarre. P(rese)nts moy not(ai)re royal soubzigne et en la presence des tesmoings bas-nomes se sont constitues en leurs personnes messire Philippe de Montaut seigneur et baron de Benac et dame Judic de Gontaut et St-Geniez son espouze lad(ite) dame de Gontaut St-Geniez duement authorizée dud(it) s(ieu)r de Benac pour la passa(ti)on du p(rese)nt contraict. Lesquels de leur gre et volunte pour eux et les leurs à l'advenir ont vandu et par ce contraict vandent et transportent à trac et sans aucune reser-va(ti)on en fabueur de messire Jean-Michel de St-Sevié conseiller du roy en

1. Chartier du Grand-Séminaire d'Auch, n° 3136.

ses conseils d'estac et privé et abbé de St-Sevin p(rese)nt et stippulant et acceptant la terre et baronnie de Montaut-les-Adoix sçise en la seneschaussée de Tholoze dioceze de Rieux avec tout droict de justice haute moyenne et basse mere mixte impere seigneurie directe ma(is)on seigneurialle bastiments pigeonnier terre laborable, vignes, boics, prairies, moulin d'eau, lainier, forges, tuileries et autres prela(ti)ons, captures, recettes et generallement tout ce quy en dépend avec tous droicts seigneuriaux et emphitéotiques sans aucune reserve ny retantions et tout ainsin que les seignêurs vandeurs, leurs auteurs et prédécesseurs ont cy devant jouy tant de leur chef que acquis du seigneur viscomte de St-Girons ou autre. Laquelle terre et baronnie est aujourd'huy possédée en engaigement par le seigneur baron de Pailles avec apact du contract d'engaigement en datte du 9 septembre 1616 retenu par M⁰ François Poisson not(ai)re royal de Tholoze pour la somme de 16000 livres comme aussy tous droicts, noms et actions quy peuvent compéter aud(it) seigneur vandeur. Plus une metterie appelée de Montalignon sans que néantmoings lesd(its) seigneurs vandeurs restent teneus à aucune guarantie pour le reguard de lad(ite) metterie se contentant lesd(its) vandeurs vandre les droicts sans omission quelconque. De quoy led(it) s(ieu)r achepteur s'est contanté pour ce reguard. Et pareillement lesd(its) seigneurs et dame de Benac font vante comme dessus tout ainsin et tout droict de la jouir aud(it) seigneur de St Sevié de la terre et seigneurie de Beaumont-les-Adoix purement et spécialement avec justice haute, moyenne et basse, rantes, uzufruicts, moulin d'eau, lainier et autres droicts et devoirs seigneuriaux et génerallement avec toutes ses appartenances et dépendances sans rien reserver. Laquelle terre est aujourdhuy possédée en engaigement par le seigneur de Raissac, comme appert de contraict de rengaigement en datte du premier octobre 1604 reteneu par Lucia not(ai)re de tarbe pour la somme de 15000 livres. Laquelle susd(ite) vante desd(ites) seigneurie et baronnie de Beaumont et Montaut, lesd(its) seigneur et dame de Benac ont faict aud(it) s(ieu)r abbé achapteur moyennant le prix et somme de 46000 livres payables aux termes et condi(ti)ons suivantes : 1° Est-il conveneu que d'autant que lesd(ites) places sont engaigées comme dict est cy dessus, led(it) seigneur de St-Sevie à l'effect dud(it) engaigement et rachapt payera et delivrera en la ville de Tholoze le 1 du moys d'octobre aux seigneurs de Pailles et de Raissac la somme de 31000 livres de laquelle ils demeurent engaigés et ce faizant par led(it) s(ieu)r de St-Sevié led(it) payement et remboursement il sera subrogé au lieu et place et hypoteque des seigneurs de Pailles et de Raissac les sommes eschues en ce quy leur reguarde soy reservant led(it) s(ieu)r de Benac le droit d'imputa(ti)on pour la perception des fruicts et ce dans l'inthérest légitimaire, ensemble la poursuite des avances faictes es biens seigneuriaux contre lesd(its) sieurs de Raissac et Pailles quand bon leur semblera. Et seront teneus lesd(its) s(ieu)r et dame vandeurs faire le délaissement des biens et terres vandues au proffict dud(it) seigneur ce St-Sevié avec promesse et guarantie en cas de trouble et d'empeschement quelconque pour lad(ite) metterie de Montalignon, comme dict est cy dessus ; et d'autant que la dame Tabitta de Bassillon, dame de Benac est interveneue au contraict d'engaigement de la terre de Montaut, s'est obligée envers led(it) seigneur de Pailles, lad(ite) dame de St-Genies a promis demurer subroger aux droyts de

lad(ite) obligua(ti)on contre lad(ite) dame et biens, à quoy led(it) s(ieu)r
vandeur a consenty et consent et comme enfant présomptif et contractuel la
cause de la succession luy arrivant, a confirmé et a promis confirmer et
approuver l'affecta(ti)on, hypoteque et obligua(ti)on sur iceux en fabueur
dud(it) s(ieu)r achapteur comme pareilhement pour l'assourance du p(rese)nt
achapt il a oubligé et oublige tous chascuns et autres biens p(rese)nts et
advenir. Et pour la somme de 15000 livres restantes pour parfaire l'entier prix
de lad(ite) vante de 46000 livres a esté conveneu entre lesd(its) seigneurs
contractants que le remploy de lad(ite) somme sera faict au payement pour
debtes plus anciennes de la ma(is)on de Benac sçavoir 10000 livres à M° Grezian
Dupont, conseiller du roy et advocat au parlement de Navarre et ensuite
jusqu'aux 15000 livres sera emplouié à payer partie de ce quy est deub au
s(ieu)r baron de Mirepoix et le vandeur reste content es acquittements faicts.
Led(it) s(ieu)r achapteur demeurera subroge aux droicts de ses créditeurs et
de tous actes, obligua(ti)ons avec quittances du payement luy seront mis es
mains par led(it) s(ieu)r vandeur. Pacte accordé que led(it) seigneur de Benac
remettra es mains dud(it) s(ieu)r de St-Sevié les hommaiges des biens vandeus,
comme aussy délivrera et remettra au pouvoyr dud(it) achapteur les obli-
gua(ti)ons et quittances faictes tant par lad(ite) dame Marie de Montaut-
St-Genies que des sieurs Carrun et Segaro mariés et autres comme appert es
forme du susd(it) contraict de mariage de la dame sa mére, et de Jean
Villum dame et enfants. Ensemble les quittances des légitimes payées aux
enfants de la ma(is)on de Benac a peyne de tous despens, domages et interex.
Et tout ce dessus toutes parties en ce quy les concerne promettent guarder et
lesd(its) s(ieu)r et dame vandeurs aud(it) achapteur, ont transmis par la
vertu du p(rese)nt acte concentant qu'il en prenne la réelle, actuelle et corpo-
relle possession quand bon luy semblera en luy laissant toutes autres domi-
na(ti)ons et procura(ti)ons en tel cas nécessaires. Comme aussy led(it) s(ieur)r
de St-Sevié achapteur a promis et s'est obligé de payer la somme de 31000
dans les premiers jours d'octobre prochain dans la ville de Tholoze pour
l'employ par led(it) s(ieu)r vandeur au rachapt desd(ites) terres et la somme
de 15000 livres restantes dans le moys de novembre aussi prochain pour en
faire l'employ conveneu au p(rese)nt. Et ont ainsin promis tenir, guarder et
observer et l'ont iuré soubs obligua(ti)on de tous et chascuns leurs biens
p(rese)nts et advenir et les soubsmettent aux rigueurs de justice. Faict et
passe au lieu de Benac ma(is)on seigneurialle en presence de noble d'Antin
s(ieu)r d'Orout, M° Blaise Amadis, Vital Venesson advocat au sénéchal de
Tarbes.

Benac contractant,
St-Genies,
M. de St-Sevié achepteur,
D'Antin p(rese)nt,
B. Amadis p(rese)nt,
Venesson p(rese)nt,
Mauran N. R.[1]

1. **Mauran**, étude Theil à Tarbes.

La santé de l'abbé de St-Savin a reçu de fortes secousses, et ses infirmités rendent son travail plus difficile. Depuis bon nombre d'années, l'abbé remplissait les fonctions de trésorier d'un hôpital de Toulouse ; il résigne sa charge.

Plus un reçeu faict es fabueur de f⁂ monsieur l'abbé de St-Sevié par le trésorier de l'ospital N... es Tholoze de la somme de 500 livres que led(it) seigneur abbé a gratuitement baillée aud(it) ospital pour n'avoir peu faire la charge trésorière dud(it) ostel à cause de ses infirmités et es datte de lad(ite) quittance du 29 jour 1644 retenu par Poisson not(ai)re.

Tout occupé du bien spirituel des religieux de son abbaye, Jean-Michel néglige ses intérêts propres. Les fermiers étaient en retard depuis plusieurs années et l'abbé se voyait réduit à ne plus « vivre de l'autel. » Insister auprès de ses débiteurs, il n'en avait point le courage ; intenter un procès, ce serait se condamner à mille soucis; il va trouver le seigneur d'Orout, il lui confie ses revenus compromis, il le charge de faire rentrer ses fonds, de recouvrer « toutes sommes, biens, profficts, fruicts et esmoluments dépendants de lad(ite) abbaye de St-Sevin quy se trouvent estre deubs aud(it) abbé des pactes et affermes faicts de son abbaye et ce des années 1630, 1631, 1633 et 1634 et 1645. » Cet acte se passait le 2 décembre 1647.[1] Le succès répondit aux démarches du sieur d'Orout, et l'abbé, pour remercier le bon Dieu, fonda le 16 avril de l'année suivante un obit de la somme de 1,000 livres dans l'église métropolitaine de Toulouse.

Sentant la vie s'en aller à grands pas, il dispose en faveur de son neveu, Jacques de Tersac, clerc tonsuré du diocèse de Pamiers, de son prieuré de St-Maurice de Monbron, diocèse d'Angoulême, sous la réserve d'une pension annuelle de 1,000 livres, le 7 janvier 1650.[2] Peu de jours après, il lui cède

1. Daquo, étude Duffourc à Bénac.
2. Daquo, étude Duffourc à Bénac.

sa chanoinie et son archidiaconat de l'église métropolitaine de Toulouse.

L'an 1650 et le 15 janvier au lieu de Benac, parroisse saincte Marie et dans la ma(is)on seigneurialle de St-Sebie dioceze de Tarbe, apres midy, regnant Louys par la grace de Dieu roy de france et de Navarre par devant moy not(ai)re hereditaire et royal soubzigne, presents les tesmoings bas-nommes. Estably en sa propre personne messire Jean-Michel de St-Sebie, conseiller du roy en son conseil d'estat, prêtre, chanoine et archidiacre en l'esglize métropolitaine sainct Estienne de Tholoze, lequel de son bon gré a faict et constitué son procureur en cour de Rome, monsieur   pour et au nom dud(it) constituant résigner tant lad(ite) chanoinie que son archidiaconé de les Adoyns l'un et l'autre du costé gauche de lad(ite) esglize métropolitaine St Estienne dud(it) Tholoze qu'il possede, jouit paisiblement es mains de N. S. P. le Pape, son vice chancelier ou autre ayant de luy charge en fabueur touttefoix de M⁰ Jacques de Tersac, clerc du dioceze de Pamiers,[1] ayant droict sur le prieuré commandataire de Sainct Maurix de Monbron, ordre de Cluny, au dioceze d'Angolesme, comme constate par la resigna(ti)on quy en a esté faicte cy devant en sa fabueur par M⁰ Jean-Michel de St-Sebié constituant, et non en fabueur d'autre ny autrement, soubs la reserva(ti)on néantmoings de la pension annuelle de 1000 livres à prendre sçavoir 500 livres sur les fruicts dud(it) canonicat et les 500 livres restantes sur les fruicts dud(it) archidiaconé, payables les 1000 livres aud(it) s(ieu)r resignant chasque feste de la nativité de N. S. et non en autre forme ny manière que ce soict ; et sur ce cousent à l'expédi(ti)on des provisions apostoliques, requizes et necessaires, néanmoings jurer en l'âme dud(it) constituant qu'en ce p(rese)nt acte nest aucun dol, fraude symonye ny autre pacte illicite, promettant avoir pour agréable et relepve son d(it) procureur de sa charge soubs obligua(ti)on de justice. Et ainsin l'a juré. P(rese)nts fraire Arnaud Bale, religieux de l'ordre de St-Benoict dud(it) Benac, M⁰ Arnaud Lafont vicaire de Visquer, Jean Manadé, natif du lieu de Plan dioceze de Rieux soubsignés.

M. de Saint-Sevié resignant, .
A. Lafont p(rese)nt,
Bale p(rese)nt,
J. Manadé p(rese)nt,
Daquo N. R.[2]

Jean-Michel lègue tous ses biens à son frère Etienne :

L'an 1650 et le 3 juillet dans la ma(is)on seigneurialle de St-Sebié, parroisse Saincte Marie de Benac, regnant... Estably en sa propre personne Jean-

---

1. Jacques de Tersac de Montberault de Vernajoul est le neveu de Jean-Michel de St-Sevié ; il succédera à son oncle à l'abbaïe de St-Savin de 1651 à 1678.

2. Daquo, étude Duffourc à Bénac.

Michel de St-Sebié de Montaut prestre et abbe de St-Sebin en lavedan, conseiller du roy en ses conseils, lequel estant bien memoratif des donations et libéralites qu'il a cy devant faites à Mᵉ Estienne de Montaut-St-Sebié, son frère tant en fabueur de son mariage avec la dame de Noé son espouze que aultrement, dezirant encore adiouster à celles-ci pour l'affection et bienveillance qu'il a et a toujours eue pour led(it) s(ieu)r son frere quy est à present l'unique masle sur lequel l'honneur de toute la famille doibt reposer. Iceluy seigneur Jean-Michel de Montaut abbé de son gré et volonté et sans préiudice des d(ites) dona(ti)ons déjà faictes, lesquelles a confirmé en tant que de besoing et les ratiffie. Il a donne et donne de nouveau aud(it) Mᵉ Estienne de Montaut-St-Sevié, sond(it) frère, icy p(rese)nt, stippulant et acceptant sçavoir tous et chescuns ses biens mubles et immubles non donnés, noms, droicts, voix et actions en quoy qu'ils puissent consister pour en faire et dispozer à tous ses plaisirs et volonté tant en la vie qu'en la mort en survivant au donataire et soubs la rezerve de l'uzufruict et uzage desd(its) biens cy dessus donnes et la faculté d'en dispozer par disposi(ti)on à cause de mort à concurrence de la somme de 4000 livres. De quoy led(it) Mᵉ Estienne de Montaut-St-Sevié a très humblement rezervé led(it) seigneur abbé, son frère, et consenty auxd(ites) rezerva(ti)ons. Et afin que cette donna(ti)on soict plus ferme et estable et irrevocquable comme faicte entre eux, lesd(its) sieurs donnateur et donnataire ont voulleu et veulent qu'elle soict insinuée partout où besoing sera constituant aud(it) effaict touts advocatz et procureurs postulants aux sietges de justice. Et ce dessus ont promis tenir et observer et ne le revoquer jamais soubs obligua(ti)ons de tous biens qu'ils ont soubzmis aux rigueurs de justice et ainsin l'ont iuré. P(rese)nts : Arnaud Bale, religieux de l'ordre de Sainct Benoict, Domenique Delhom chirurgien, Pierre Casaux escolier, Jean du Boue, marchaud de drap et Jean de Carret dud(it) Benac h(abit)ants soubzignes avec lesd(its) donataire et donateur et moy not(ai)re.

M. de St-Sevié donateur,
Est. de St-Sevié donataire,
Bale p(rese)nt,
Delhom p(rese)nt,
Duboé p(rese)nt,
P. Casaux p(rese)nt,
Daquo N. R.[1]

Les années sont mauvaises. La guerre a promené dans la Bigorré son lugubre cortège. Les villes de Tarbes et de Bagnères ont été rançonnées à plusieurs reprises. La plus grande misère règne dans le pays, la famine apporte partout le désespoir. Les consuls de Bagnères cherchent un moyen efficace pour atténuer tous ces maux. Au nom de la ville

---

1. Daquo, étude Duffourc à Bénac.

ils feront un emprunt, ils donneront du pain au peuple et des secours aux soldats en garnison dans cette ville.

L'an 1650 et le 2 novembre dans le cappitoul de Baigneres, messieurs de Lagnerie, de Théas consulz, messieurs d'Argelles, Cazaux, Lannes, Brocqua, Mauran, Melaux, Coroau, de Bergesi, Laban, d'Arrodé, Pey Berot, d'Esconet*, d'Orignac (suivent 12 noms illisibles), gans du conseil de la ville de Baigneres, estant assemblés pour traitter des affaires communes de la ville présidant en lad(ite) assemblée M⁰ de Berné juge et magistrat royal de lad(ite) ville ; par lesd(its) sieurs consulz ayant esté proposé qu'il leur est impossible de trouver argent en ceste ville pour employer à la ration de subsistances de huict compaignies et l'estat major du régiment de Mᵍʳ le duc d'Anjou, quy sont logés en cette ville en garnizon, ayant esté employé comme celuy qu'ils ont en prest parmy les h(abit)ants, et partant seroict à propos d'emprunter ou on. pourra trouver les sommes d'argent pour subvenir à lad(ite) subsistance. Et enfin pour esvitter qu'il n'y puisse avoir offense entre les soldats desd(ites) compaignies et h(abit)ants, par lad(ite) assemblée d'un commun accord aussy en la manière que led(it) de Théas consul et de Mont sont deputes de la part de lad(ite) ville et au nom d'icelle faire emprunt de 6000 livres à la part où ils trouveront, en propres mains. N'y trouvant l'autre somme de 6000 en requerront 4 ou 5000 livres en prest comme ils la trouveront pour lad(ite) somme estre employee à la ra(ti)on et subsistance des huict compaignies et estat major du régiment de Mᵍʳ le duc d'Anjou, par ordre du roy ; leur donnant pouvoyr au nom desd(its) sieurs consulz et de tous les autres h(abit)ants de lad(ite) ville de passer tout acte nécessaire soict en rente constituée ou autrement à l'intérest au denier 6 (ou 16 ?) suivant l'ordonnance. Et pour l'asseurance et payement de lad(ite) somme quy sera empruntée et des interetts d'icelle, payables année par année en obligent solidairement l'un pour l'autre et chascun en seul pour le tout sans faire divizion de cause ni decizion de biens, à quoy ont par expres renonce, tant les biens communs de lad(ite) ville que les personnes et biens desd(its) sieurs deslivrants que les autres manants et h(abit)ants de lad(ite) ville, comme ils les y obligent par cette délibera(ti)on, promettant avoir pour agréable tout ce que par lesd(its) sieurs de Théas consul et de Mont sera faict et ne les revocquer ains les relepver de tout et ainsin a esté. Ceux quy sçauront faire se sont signés au registre des délibéra(ti)ons et moy Jean Carrère not(air)e royal et secretaire du conseil de lad(ite) ville requis soubsigne. Carrere aussy signé à l'extrait du p(rese)nt et secretaire et moy susd(it) Daquo. En foy de tout ce dessus me suis soubzigné le troysiesme jour du moys de novembre mil six cens cinquante.

J. Carrère Not(ai)re
Daquo N. R. [1]

1. Daquo, étude Duffourc à Bénac.

L'abbé de St-Sevié leur donnera 4000 livres en rente constituée.

L'an 1650 et le 3 novembre au lieu de Benac et dans la ma(is)on seigneurialle de St-Sebié, apres midy, regnant..... Constitués en leurs personnes propres les sieurs Jacques de Théas consul et Jean de Mont deputes de la ville de Baigneres ; lesquels suivant la délibera(ti)on du deuxiesme jour du moys de novembre avec convention prinse par les h(abit)ants de lad(ite) ville qu'ont confesse avoir reçu es mains de M. Jean-Michel de St-Sebié conseiller du roy en ses conseils d'estat et abbé commandataire de l'abbaye de St-Sebin en Labedan. Desquels de Théas et de Mont deputes et h(abit)ants de baignères et en consequence de lad(ite delibéra(ti)on de leur gre ont faict tenir aud(it) abbé la somme de 250 livres de rente annuelle payable année par année à compter du jour et datte du presant ; et ainsin moyennant la somme de 4000 livres tournoyses qu'ils ont receue a vue de moyd(it) not(ai)re et temoings à la passa(ti)on du p(rese)nt en monoye et pistolles d'or de laquelle somme se sont contentés et ont teneu quitte le seigneur abbe auquel ne sera loizible de contraindre lesd(its) consuls et h(abit)ants de baigneres au payement des prix principal qu'au cas le payement de lad(ite) rente ainsin constituée pendant troys ans consécutifs il y sera permis auxd(its) h(abit)ants de baigneres de se rachepter quand bon leur semblera en payant en une seule foix lad(ite) somme de 4000 livres et arreraiges de la rente et en advertissant touttefois led(it) seigneur abbe troys moys auparavant. Et pour l'observa(ti)on de tout ce dessus, lesd(its) constituants ont obligé tant les biens communs de lad(ite) ville que des particuliers, manants et h(abit)ants d'icelle, mesme les personnes desd(its) h(abit)ants qu'ont le touts soubzmis aux rigueurs de justice, renonçant aux renoncia(ti)ons et de faict et de droict requises et nécessaires et ainsin l'ont promis et iuré. P(rese)nts M. Jean Sounaulz pretre et recteur de Bas-Salli et Jean Manadé quy ont signé avec moy d(it) not(ai)re.

De Théas consul et député de baigneres.
De Mont député de baigneres.
Sounaulz p(rese)nt.
J. Manadé (prése)nt.
Daquo N. R.[1]

Les consuls de Tarbes empruntent le 8 novembre 1650 une somme égale et aux mêmes conditions.[2]

L'abbé de St-Sevié, en soulageant les malheureux, négligera-t-il le soin de son âme ?... Il pensera à ses fins dernières; il fera prier pour lui alors qu'il aura passé du temps à l'éternité ; il fonde un autre obit dans sa chère église de Bénac.

1. Daquo, étude Duffourc, à Bénac.

2. Mauran, étude Theil à Tarbes.

L'an 1650 et le 2 décembre dans la ma(is)on seigneurialle de St-Sebié, parroisse Saincte-Marie de Bénac... Constitué en sa personne propre, messire Jean-Michel de St-Sebié, conseiller du roy en ses conseils d'estat et abbe commandataire de l'abbaye de St-Sebin en Labedan, lequel a fonde cy est par le p(rese)nt acte fonde la rente obbituelle de la somme de 300 livres tournoyses dans la ma(is)on de Millon et Gebissé du lieu d'Ossun-ez-Angles, laquelle somme de 300 livres Jean Millon et Laurent Gebissé, héretiers principals desd(it)es ma(is)ons de Gebissé et Millon ont receue à la passa(ti)on du p(rese)nt en pistolles d'or du coing d'Espaigne, bien comptées et nombrées p(rese)nts moy (dit) not(ai)re et tesmoings tellement que sen sont contentés. Laquelle rente obbituelle led(it) seigneur abbe fonde soubs l'invoca(ti)on de Ste-Auseby. Laquelle rente messieurs le prieur, recteur, religieux et autres prebres du lieu de Benac retireront chacune année à chacune feste de Tossaintz desd(its) Millon et Gebissé et les leurs à l'advenir, à la charge que lesd(its) sieurs prieur, recteur, religieux et autres prebres seront teneus celebvrer une messe chascune sepmaine en l'hôtel Ste-Auseby et chapelle que led(it) seigneur abbé a fondée en l'esglize dud(it) lieu de Benac. Et pour asseurance de lad(ite) somme et rente d'icelle lesd(its) Millon et Gebissé obligent, affectent et hypothéquent sur tous et chascuns leurs biens p(rese)nts et advenir et leurs personnes et par expres led(it) Millon sur huict journalz de terre pred et terre lavorable pour revenir auxd(its) prebres tous a'un chascuns scitués lesd(its) huict journalz de terre pred au terroir dud(it) lieu d'Ossun et parsan appelé las coueus a prandre à plus grand pred par le costé de septentrion, confronte d'Orient avec terre d'Abadie, Midi aussy, Occident avec le ruisseaud de Darré, septentrion avec terre dud(it) Abadie. Et led(it) Gebissé sur quatre journalz de terre pred, scitués au terroir d'Ossun et parsan appelé la quinta à prandre de plus grande pièce par le costé de midy, quy confronte du costé d'orient avec terre de Millon, midy à Jean Pebeit, occidant et septentrion avec terres restantes. Sy porront lesd(its) Millon et Gebissé, sy bon leur semble, se rachepter de lad(ite) rente à la charge quils meneront personnes semblables auxd(its) sieurs prieur, recteur, religieux et autres prebes dud(it) Benac et non autrement, ny en autre forme et manière que ce soict. Et tout ce dessus..... P(rese)nts M. Pierre Abbadie, recteur, Ramond Laplaigne, recteur de Gez et Lézignan quy ont signé avec moy d(it) not(ai)re soubzigné.

M. de St-Sevié, donateur.
Abadie p(re)bre p(rese)nt.
Magenties p(rese)nt.
Laplaigne p(rese)nt.
Daquo N. R. [1]

La mort, depuis longtemps attendue comme une libératrice, est loin d'épouvanter l'abbé de St-Sevié. Il s'était préparé avec soin à ce moment redoutable où il serait

---

1. DAQUO, étude Duffourc à Bénac.

appelé à rendre ses comptes au Souverain Juge. Voici l'exposé de ses dernières volontés, tel qu'il le fit en l'année 1642. Testament digne de la grande âme qui avait voué toute sa vie au triomphe de la religion apostolique et romaine.

Au nom de Dieu soict faict.

Nous Jean-Michel de Montaut-St-Sevié, conseiller du roy en ses conseils d'estat et privé, prieur du prieuré de St-Maurice de Monbron, dioceze d'Argolesme chanoine et archidiacre de l'esglise metropolitaine de Tholoze et abbé de St-Savin dioceze de Tarbe, soubsigné, considérant l'incertitude de l'heure de la mort, pour ne mourir ab intestat avons volu faire notre p(rese)nt testement clos en la manière suivante.

En premier lieu nous volons et ordonnons la sépulture de notre corps estre faicte dans notre abbaye de St-Savin au dioceze de Tarbe et quen quel lieu que nous mourions notre corps soict porté en notre d(ite) abbaye et livré entre les mains des religieux reformes quy serout pour lors en notre d(ite) abbaye pour estre par eux enterré en tel lieu et place qu'il leur plaira sans aucune aultre pompe extérieure que celle quy est due à un simple prestre aux frais et despens de notre bien.

Item nous volons qu'il soict prins en notre bien la somme de mille cent liures ; et huict cens pour estre mises en fonds et la rente employée à la fonda(ti)on d'un obit pour notre âme et les troys cens restantes nous volons quelles soient employées à faire dire des messes pour prier Dieu pour nous à l'heure de notre mort le tout selon l'ordre des religieux reformés.

Item nous volons que des deniers quy se trouveront nous estre deubs à l'heure de notre mort, provenant du revenu de notre d(ite) abbaye ; il en soict prins la somme de troys mille livres ; et six cens pour estre distribuées aux plus pauvres de nos subjects et la somme de deux milles quatre cens pour estre employée aux repara(ti)ons de notre d(ite) abbaye de St-Savin, volant néantmoings que le tout soict faict à la discré(ti)on et direc(ti)on des susd(its) religieux reformés de notre d(ite) abbaye

Item nous volons que des deniers quy se trouveront nous estre deubs à l'heure de notre mort provenant du revenu de notre prieuré de Monbron, il en soict employé neuf cens livres à la répara(ti)on et ornement de l'esglize dud(it) lieu et six cens livres distribuées aux pauvres dud(it) lieu et cent livres en messes pour le repos de notre âme.

En oultre nous donnons et léguons à notre frère Estienne de Montaut de St-Sevié et Bisquer la somme de 5000 livres que nous avons à rente constituée sur la com(munau)té de l'Ile-en-Dodon à la charge touttefois que luy mourant sans enfants, lad(ite) somme de 5000 livres faire retour à l'héretier de la ma(is)on de St-Sevié de tous et chascuns nos autres biens, droicts et cauzes quelconques. Nous nommons et instituons notre héretier universel et général notre frère Pierre de Montaut-St-Sevié, s(ieu)r d'Arbouix, pour en disposer à sa volonté ; et en cas qu'il décède sans enfants nous luy substituons en lad(ite) hérédité notre d(it) frère Estienne de Montaut-St-Sevié, s(ieu)r de Bisquer. Et sy notre d(it) frère Estienne décede aussy sans enfants nous substituons en lad(ite) hérédité nos nepveux, les enfants mascles de notre sœur Jeanne de Montaut-St-Sevié, femme de noble Victor de Tarsac, s(ieu)r de Vernaioul, à commencer par le premier nay et du premier au second à la charge touttefoix de porter par eux notre nom et nos armes et non autres. Laquelle disposi(ti)on soict en fabueur de notre héretier Pierre de Montaut-St-Sevié que de nos d(its) frères et nepveux nous faisons à la charge et nos autres quils vivront et mourront es les mains de la religion catholique apostolique et romaine. Et en cas ce quâ Dieu ne plaise, que quelquun des susd(its) frères ou nepveux viendront à professer une religion autre que la susd(ite) nous volons que tout ce que nous leur volions donner par le p(rése)nt testement revienne en partaige aux autres, et telle est notre volunte testement que nous volons estre suivie et pour ces clauzes et condi(ti)ons. En foy de quoy nous avons escript le p(rese)nt testement de notre propre main aux fins d'estre guardé et exécuté selon sa forme et teneur. Faict en la ma(is)on seigneurialle de St-Sevié le premier jour de juillet mil six cens quarante deux.

M. de St-Sevié testateur ainsin signé.

Au nom de Dieu soict. Cejourd'huy troysiesme juillet seize cens quarante deux dans la ville de baigneres, ma(is)on du s(ieu)r recteur de Campan, en la seneschaussée de Bigorre par devant moy not(ai)re soubsigné en la presance des tesmoiugs basnomés s'est constitué en personne noble Me Jean-Michel de St-Sebié, conseiller du roy en ses conseils d'estat et privé, abbe de St-Savin en Lavedan et baron de Montaut, lequel a dict et déclairé avoir faict son testement de dernière volonté escript et signé de sa propre main dans un feuillet de papier clos et scellé du cachet de ses armes en dix sceaux de cire rouge ardant tant dessus que dessous sur du ruban rouge, lequel testement led(it) seigneur constituant veut et entend quil sorte son plain et entier effet, ayant requis à moy Jean Dumoret not(ai)re de la ville de baigneres escrire cet acte de suscription pour servir à l'advenir comme il appartiendra pour la plus grande vallidité dud(it) testement et le retenir devers moy. Tout quoy faict en présance de Me Jean Galliay, recteur de Campan, Bernard Saubiat, recteur de Trébons, Pierre de Mont prestre et prébandier de baigneres, Arnaud Grasset, prestre et prébandier de Baigneres, Jean Galliay me des chemins en Bigorre Jean de Mont bourgeois, Pierre d'Esconnets, tisserant de la d(ite) ville de baigneres signés à l'original avec led(it) seigneur constituant, sauf led(it) d'Esconnets de ce requis a déclairé ne scavoir escrire.

M. de St-Sevié, testateur.
Grasset prebre p(rese)nt.
Galliay p(rese)nt
De Mont p(rese)nt
Saubiat p(rese)nt
De Mont p(rese)nt
Galliay p(rese)nt
J. Dumoret N. R.[1]

1. Archives de la préfecture des H.-P., série B, no 721.

Telles sont les dernières dispositions de l'abbé de St-Savin :
1,100 livres de messes pour le repos de son âme, plus les
nombreuses fondations établies ; Jean-Michel insiste forte-
ment sur la nécessité pour ses héritiers de conserver pure
et intacte leur foi catholique et de prendre garde aux séduc-
tions de la nouveauté. La religion prétendue réformée faisait
de nombreuses victimes, il ne veut pas que ses frères et
neveux se laissent entraîner, ils seraient exclus de son héritage. Son légataire universel, Pierre, étant mort sans
enfants, ce fut son frère Etienne qui transmit à son fils
l'héritage des Montaut-St-Sevié.

Tous les auteurs qui ont écrit sur St-Savin et son abbaye
sont d'accord sur l'année de la mort de Jean-Michel de
St-Sevié, mais ils ne donnent ni le mois ni le jour de son
décès. Le 25 mai 1651, il n'avait pas encore rendu son âme
à Dieu :

Plus uno lettre missive escritte à monsieur l'abbé de St-Sevié par la vefue à
fü Mongine es-datte du vingt cinquiesme may mil six cens cinquante et un.

Son corps fut porté à St-Savin, selon sa volonté ; les
prières de ses chers religieux réformés s'élevèrent ferventes
vers le ciel, demandant à Dieu le repos de l'âme de celui qui
avait été pour eux toujours un père tendre et dévoué. Ses
obsèques furent brillantes :

Plus un conte de la dépance faicte et advancée aux honneurs funèbres faicts
à St-Sebin à l'enterrement du corps de fû monsieur l'abbe de St-Sevié par
Péries et Pailhasson d'Argelles fermiers de St-Sevin escriptz en deux feuilletz
papier tant moings de lad(ite) afferme de troys mille livres.

L'abbé de St-Sevié fut inhumé dans l'abside de l'église
abbatiale, près de l'autel, du côté de l'épître. B. de Lagrèze,
dans sa *Monographie de St-Savin,* donne en note le texte
suivant, sans dire d'où il l'a tiré : *obiit in castro de St-Sevie
octo milliaribus circiter a cœnobio sancti Savini distante, ac*

sepultus est in basilicæ dicti cænobii abside, ad suppedanum altaris majoris in cornu epistolæ.[1]

Ainsi est mort dans la paix du Seigneur cet homme qui a vécu en faisant le bien. Il rendit les plus grands services à la province dont il fut, non sans éclat, le représentant distingué aux assemblées générales en 1625 et en 1628. Mais le champ où il exerça son zèle avec le plus de charité, ce furent les religieux confiés à ses soins. Il leur servit de père toute sa vie; et il les confirma dans la vertu par les plus sages conseils. Néanmoins, l'acte le plus beau de sa vie fut l'introduction de la Réforme de St-Maur dans son monastère. Qui peut dire tout le bien procuré par cette heureuse transformation ? Que d'âmes lui doivent leur salut !

1. LAGRÈZE (Gustave Bascle de), *Monographie de St-Savin*, p. 87.

APPENDICE

Il est intéressant, pour connaître l'abbaye de St-Savin, de savoir quel en était le revenu.

Comme soict ainsin que messire Jean Michel de St-Sebié, conseiller du roy en ses conseils d'estat et prive, premier baron de Montaut et abbé commandataire de l'abbaye de St-Sebin en Labedau. Ensi y debant baille charge à M. Pierre Lamarque not(ai)re du lieu d'Arrens en la vallée d'Asun de faire les affermes pour les dismes, aussy de faire la recepte, payer les charges de lad(ite) abbaye à commencer le 25 jour du moys d'apvril de l'année dernière 1648, comme appert des deux dernières procura(ti)ons, retenues l'une par Larroye not(ai)re à Benac en date du 16 juin 1648 et l'autre par Carrère aussy not(ai)re à Benac le 3 octobre aud(it) an. En conséquence desquelles deux procura(ti)ons luy Lamarque auroict faict plusieurs affermes et payé de la recepte et acquitté... faict en charge de lad(ite) abbaye de l'année susd(ite) 1648. Or est-il que cejourd'hui 22 jour du moys de juillet 1649 au lieu de Benac et dans la ma(is)ou seigneurialle de St-Sebié au matin... Constitué en sa propre personne led(it) M⁰ Jean Michel de St-Sebié, conseiller du roy en son conseil d'estat, premier baron de Montaut, seigneur dud(it) St-Sebié et autres lieux, abbé commandataire de l'abbaye dud(it) St-Sebin en Labedan, lequel de son bon gré et franche volonté a baillé et par ce p(rese)nt acte baille en afferme et rentement aud(it) M⁰ Pierre Lamarque, not(ai)re royal dud(it) lieu d'Arrens icy p(rese)nt stipulant et led(it) rentement acceptant sçavoir est tous et chascuns les droicts et dismes argent, et dismes fruicts et revenus avec tous et chascuns les fruicts, proffits, droicts et débuoirs seigneuriaux honneurs et esmoluments de quelle nature que soient apertenants et dépendants de lad(ite) abbaye de St-Sevin ; réservé touttefois le quart des dismes d'Azereix et Davantaigue et le huictiesme de la disme de St-Sebin et Adast et le linas de la disme d'Argelles en fabueur du s(ieu)r d'Arbouix pour en jouir comme il l'a acostumé. D'ailleurs sa réservé et réserve led(it) seigneur abbé les foings et paille de siz metteries et toutes les réserves portées par led(it) acte d'afferme particulière ; en quoy consiste un service, serviettes, matelacs, lit soigné. Lequel p(rese)nt rentement led(it) seigneur abbé a faict et faict aud(it) Lamarque pour le terme et espace de troys années consécutives, complètes et révolues, récolte et cueillette faictes, et assuré desd(ites) dismes, rentes, fruicts, et profits, honneurs et emoluments apertenants et dépendants de lad(ite) abbaye et moyennant le prix et somme de troys mille livres tournoyses de vingt sols tournoys, plus un quintal de suif fondu pour chascune desd(ites) troys années que led(it) de Lamarque sera tenu et promet payer aud(it) seigneur abbe en troys termes égaux sçavoir la somme de 3000 livres à la feste de Tossaintz prochain courante et de lad(ite) feste de Tossaintz prochaine courante en un an la somme de 3000 livres, et de lad(ite) feste première nommée de Tossaintz en deux ans autre pareille somme de 3000 livres en or ou argent ; et pour led(it) suif led(it) seigneur en a reçu sy devant un quintal ainsin qu'appert de son acte et autre quintal qu'il sera teneu en bailler à la Tossaintz prochaine et l'autre quintal restant de lad(dite) feste en un an. En oultre devra led(it) fermier payer aud(it) s(ieu)r d'Arbouix pour chascune desd(ites) troys années la somme de 120 livres tournoyses ou bien le bled (bled et argent quil a acostumé prandre) de sa portion laye qu'il jouit aud(it) St-Sebin et au choix dud(it) s(ieur) d'Arbouix, sauf a estre tenu en à compte ce qu'il a receu sur l'année dernière 1648. Dabondant a promis led(it) fermier de payer toutes les fonctions monacales et autres charges divines et accoutumées, comme aussy a promis et promet payer aux officiers dud(iit) couvent de St-Sebin ce qu'ils ont acostumé prandre et toutes autres charges acostumées. Ensemble a promis led(it) fermier de payer les obits ordinaires et extraordinaires de lad(ite) abbaye. Ont par luy sy devant avoir esté payées suivant lé précédent acte d'afferme qu'il a faict de lad(ite) abbaye jusqu'au p(rese)nt acte que les normalles imposi(ti)ons et dona(ti)ons extraordinaires quy pourroient avoir esté accordées au roy tant sy devant qu'à l'advenir par les assemblées du clergé de France durant le temps de lad(ite) afferme auxquelles imposi(ti)ons et dona(ti)ons extraordinaires led(it) fermier ne sera teneu en rien payer, ains en sera relepvé par led(it) seigneur abbé tant pour le passé que pour l'advenir ; contre lesquelles réserva(ti)ons susd(ites) et payements de charge susd(its), led(it) seigneur abbé a faictes et faict sans diminu-(t)on de prix de lad(ite) afferme. Et pour afin aussy aud(it) payement et de toutes et chascunes les clauses au p(rese)nt acte conteneues led(it) Lamarque promet payer lad(ite) somme de 3000 livres pour chacune desd(ites) troys années et deux quintalz de suif restant aux termes susd(its) avec le restant à payer des susd(ites) fonctions monaqualles et charges quy demeurent cy dessus stipulées sauf à leur estre teneues en à compte ce qu'il se trouvera en avoir payé. Comme aussy promet led(it) fermier pour l'asseurance desd(its) payements contenus au p(rese)nt acte bailler aud(it) seigneur abbé bonnes et suffisantes cautions pendant le moys prochain et luy rapporter l'acte de bailh desd(ites) cautions soubs expresse obligua(ti)on de sa personne et biens, lesquels a soubsmis aux rigueurs de justice ou sa cognoissance en apartiendra rançon à tous droits à contrainte ; et led(it) seigneur abbé a promis et promet faire jouir led(it) Lamarque dud(it) afferme et luy donner aux cas fortuits main-forte, et au cas pendant les troys ans auroict esté faict ou besoing de faire aucune répara(ti)on ou location abbatialle dud(it) St-Sebin, led(it) seigneur abbé sera tenu et promet de les tenir en compte en les certifiant lesd(ites) répara(ti)ons et fournitures et les démarches faictes ; pour plus d'asseurance et facilité l'octroie récepte de tous les droicts et revenus de lad(ite) abbaye mesme pour poursuivre la féodalité en cas de besoing d'aucuns droicts et débnoirs dépendants de lad(ite) abbaye et de lad(ite) afferme led(it) seigneur abbé tient et consent qu'il soict loizible aud(it) Lamarque sy bon luy semble contraindre et poursuivre tous et chascuns les débiteurs de lad(ite) abbaye au nom dud(it) seigneur abbé. Comme il a acostumé de faire la recepte au moyen desd(ites) procurations et de se servir du commissaire dud(it) seigneur abbe soit pour continuer, attirer et porsuivre à la Chambre des requettes de Tholoze tous les refusants ou contestants à payer les debuoirs de lad(ite) abbaye, dépendants de lad(ite) afferme jusques à l'entier payement d'iceux sans néant-moings par led(it) seigneur abbe soist tenu d'aucuns despens auxquels il pourroit estre condamné en cas de non réussite des instances que led(it) Lamarque pourroit avoir institué par intérêtz ; pour sy apres au nom dud(it) seigneur abbé en lad(ite) chambre des requettes ou ailleurs. Et pour tout ce dessus tenir et guarder led(it) seigneur abbe en quy luy connoit à obligua(ti)on tous et chascuns ces biens, renonçant aux renoncia(ti)ons ou de faict ou de droict requises et nécessaires et ainsin l'ont promis et iuré. P(rese)nts : Domenge de Marcou du lieu d'Argelles, Ramon de Bordes du lieu de Laloubere, Jean Manadé balet de chambre dud(it) seigneur abbé du lieu de Plan. Led(it) seigneur, Lamarque, Manadé, Marcou soubsignés, l'autre requis soy signer a dict nc sçavoir et moy not(ai)re.

M. de St-Sevié donnant,
Lamarque acceptant,
De Marcou p(rese)nt,
J. Manadé p(rese)nt,
Daquo N. R. [1]

Et encore dans « cette afferme » l'abbé de St-Savin s'est réservé « la linée de St-Savin, Adast et Balagnas, » qu'il afferme le 19 novembre 1650 à Bertrand Béguerie de St-Savin pour « 68 linoix de lin peigné. »

---

1. DAQUO, étude Duffourc à Bénac.